HANZIXUE JIANLUN

汉字学简论

(第二版)

张桂光 著

广东高等教育出版社

·广州·

编　委（按音序排）：
沈建民　魏达纯
吴辛丑　张桂光
张玉金　周国光

汉语言文字学

【研究丛书】

图书在版编目（CIP）数据

汉字学简论/张桂光著. —2 版. —广州：广东高等教育出版社，2017.1（2020.1 重印）
（汉语言文字学研究丛书）
ISBN 978-7-5361-5831-3

Ⅰ.①汉…　Ⅱ.①张…　Ⅲ.①汉字-文字学-研究　Ⅳ.①H12

中国版本图书馆 CIP 数据核字（2016）第 324704 号

广东高等教育出版社出版发行
（地址：广州市天河区林和西横路）
邮政编码：510500　营销电话：（020）87553335
佛山市浩文彩色印刷有限公司印刷
890 毫米×1 240 毫米　32 开本　9.125 印张　234 千字
2004 年 8 月第 1 版
2017 年 1 月第 2 版　2020 年 1 月第 5 次印刷
定价：22.00 元

序　言

　　人都是一个个的"个体",通过语言这种纽带,结成了人类社会,创造了辉煌灿烂的人类文明。可以这样说,如果没有语言,人类就不会与动物相揖别,也就不会有人类的今天。语言正如空气和水一样,是人类须臾不可离的,其重要性不言而喻。语言对于人类社会来说,既然如此重要,以至于我们怎样评价都不过分,那么对语言开展深入系统的研究,就是十分必要的。这是一项有重大科学意义和实用价值的基础工程,人类的奥秘可以从语言的角度加以破译。

　　汉语是人类众多语言当中的一种,而且是十分重要的一种。这不但是因为汉语有悠久的历史,传承了汉民族五千年来的灿烂文明,而且是因为它非常丰富,有着众多的使用者。在汉民族最早的成系统的语言资料——殷墟甲骨文中,可以很容易地找到我们今天还在使用的词语和语法格式,因为它就是我们汉语的前身。

　　在世界几种古老的文明中,只有中华文化一脉相承地传下来。中华五千年的文明,通过汉语的书面形式薪火相传,延绵不断,后人承受着祖先文明的福荫。到了今天,随着中华民族正在走向"崛起",汉语更加呈现出勃勃生机,并开始走向世界,以致有人说 21 世纪是汉语汉字发挥威力的时代。一个民族的崛起和经济繁荣,必然使她的语言大放异彩。汉语今天正是如此,学习汉语的热潮在世界范围内蔚为壮观。正因如此,中国的语言文字研究,具有"世界性"的意义。

　　中国的汉语汉字研究历史悠久,甚至可以追溯到春秋战国时代,到了西汉时代已比较发达。当时出于通经治国和文化教育这样一些实用目的，开展了以重视实用价值为特征的汉语研究。到了今天，汉语研究的广度和深度都有了很大的拓展，取得了丰硕的成果。中国学者对世界语言学研究做出了巨大而独特的贡献。如今时代的发展、科技的进步，对汉语文字学研究提出了更高的要求。中国学者是汉语研究的主力军，理应承担起时代赋予我们的责任。

我们华南师范大学人文学院汉语言文字学学科部的同仁，在完成繁重的教学任务之余，积极开展汉语言文字学的研究。如今呈现在广大读者面前的"汉语言文字学研究丛书"就是我们多年来研究成果的汇总。尽管我们知道这些成果当中可能有不少不成熟的地方，甚至可能有错误之处，但敝帚自珍。我们不揣冒昧，决意付梓，是为了能得到广大读者和专家们的指正，也期望能起"抛砖引玉"之效。

本套丛书首期出版的论著共七部。

周国光教授的《现代汉语词汇学导论》，吸收了当代语言学相关学科的最新成果，对现代汉语词汇学的理论问题进行了较为全面的论述，反映了我国词汇学研究的最新水平和发展趋势。

张桂光教授的《汉字学简论》是一部由古文字学家撰写的汉字学通论性著作。由于作者在古文字学方面有深厚的功底，因而使得他的汉字学理论体系的大厦建筑在坚实的基础之上。

吴辛丑教授的《先秦两汉语言学史略》创造了中国语言学史的断代研究模式。作者在前人和时贤研究的基础上，对先秦两汉时代的中国语言学进行了富有新意的论述，其中反映了作者多年的教学心得和研究成果。

魏达纯教授的《近代汉语简论》汇集了作者多年近代汉语教学和研究的心得和成果，是一部将近代汉语的语言材料的选编与研究成果概述相结合的综合性著作，兼顾了普及与提高。

蔡建华副教授的《应用语言学概论》，探讨了语言学理论在社会生活各方面的应用，所涉及的范围十分广泛。作者多年来从事应用语言学这一课程的教学及相关的研究,因而,书中有不少自己独特的建树。

钟明立博士的《音韵学基础》,是一部很有特点的学术专著。作者在多年音韵学研究和教学经验的基础上展开论述,不但使这门深奥难懂的学问变得易于入门,而且易于深造。

练春招博士的《客家方言词汇比较研究》,是在作者博士论文的基础上经过认真修订写成的。作者选取了闽、粤、赣三省的九个客家方言点,调查了3 000多条词目,在此基础上进行了纵横、内外的比较分析,颇多创新。

改革开放以来,中国语言学赶上了千载难逢的大好发展机遇。如今众多的语言学专家学者正在建构当代汉语语言文字学大厦。我们这套丛书,若能成为这座大厦的一块砖石,愿望足矣。

是为序。

张玉金

2004年7月8日

目 录

第一章 绪论 …………………………………………… (1)
第一节 汉字和汉字学 …………………………………… (1)
第二节 汉字的历史功绩 ………………………………… (7)
第三节 学习汉字学的意义 ……………………………… (10)
第四节 学习汉字学的方法 ……………………………… (17)

第二章 汉字的性质特征 ……………………………… (22)
第一节 汉字是记录汉语的书写符号系统 ……………… (22)
第二节 汉字是音节的表意文字 ………………………… (28)

第三章 汉字的起源 …………………………………… (32)
第一节 关于汉字起源的传说 …………………………… (32)
第二节 原始社会陶器上的符号 ………………………… (36)
第三节 汉字体系的形成 ………………………………… (39)

第四章 汉字的结构 …………………………………… (46)
第一节 传统的汉字结构理论 …………………………… (47)
第二节 汉字形符特征考察 ……………………………… (74)
第三节 汉字声符特征考察 ……………………………… (99)

第五章 汉字发展变化的内部规律 …………………… (113)
第一节 简化 ……………………………………………… (113)
第二节 声化 ……………………………………………… (117)
第三节 规范化 …………………………………………… (120)
第四节 讹变 ……………………………………………… (123)

第六章　汉字形体的变迁 ……………………………（133）
第一节　以甲骨文为代表的商代文字 ……………（133）
第二节　以金文为代表的西周文字 ………………（143）
第三节　春秋战国期间的各种文字 ………………（158）
第四节　秦代的小篆和秦隶 ………………………（174）
第五节　汉代的隶书和章草 ………………………（188）
第六节　汉代以后的楷书、行书、草书 …………（196）

第七章　几种有特殊关系的字 ……………………（205）
第一节　古今字 ……………………………………（205）
第二节　异体字 ……………………………………（210）
第三节　繁简字 ……………………………………（213）
第四节　通假字 ……………………………………（218）
第五节　同形字 ……………………………………（220）
第六节　同源字 ……………………………………（224）

第八章　正确认识和掌握汉字的形音义 …………（228）
第一节　正确认识和掌握汉字的形体 ……………（228）
第二节　正确认识和掌握汉字的读音 ……………（238）
第三节　正确认识和掌握汉字的字义 ……………（246）

附录1　现代汉字研究概况 ………………………（257）
第一节　现代汉字的字量、字形、字音、字序 …（258）
第二节　现代汉字的应用 …………………………（264）
第三节　汉字的评价 ………………………………（266）
第四节　汉字的前途 ………………………………（269）

附录2　篆书创作中的一些用字问题略议 ………（272）

参考文献 ……………………………………………（280）
后记 …………………………………………………（281）

第一章 绪 论

第一节 汉字和汉字学

汉字学是有关汉字的学问。要弄清楚什么是汉字学,必须先弄清楚什么是汉字。要弄清楚什么是汉字,必须先弄清楚什么是文字。

关于文字的定义,有关论著及工具书都有大同小异的表述,这里采用《辞海》关于文字的定义:"文字是记录语言的书写符号系统,是扩大语言在时间和空间上的交际功能的辅助工具。"

文字是一种符号系统。任何符号都由形式和内容两个部分构成。形式是可以通过人的感官去接收的,内容则是形式所表达的含义。符号的形式多种多样,有声音形式的,有图像形式的,有实物形式的。人们通过听觉器官,或视觉器官,或触觉器官接收不同形式的符号,并通过不同的符号形式,去表达或掌握这些形式所反映的内容。

文字固然是一种符号系统,其实,语言也是一种符号系统,它的形式是代表一定意义的声音,它的内容则是这声音所代表的意义。

语言这个符号系统是随着人类社会的出现而产生的,它是人类社会最主要的交际工具。有声语言并不是唯一的交际工具,因为还有手语、眉语、眼语等。为什么人类要选择声音作为语言符号的基本形式呢?主要是声音具有使用简便、容量大、效果好等优点。声音可不必储存与携带，不占用空间，随时随地可以发出，用完后随时可以消失；声音传递的信息量之大，也是其他形式无法比拟的。但声音这种符号形式的优点同时也成为它的弱点。由于声音一发即逝，后来的人听不着，远方的人听不到，在时间和空间上都受到很大的限制，对经验的积累与交流都是一个很大的障碍。为了突破这个障碍，我们的祖先曾经做过很多的努力，史籍所载的结绳与画卦应该是较有代表性的两种了。结绳是实物形式，画卦是图像形式，都是借助视觉功能创造出来的看得见、摸得着而又可以在时间上停留、在空间上传递的符号，都可以说是扩大语言交际功能的辅助工具，但两者的变化空间都极其有限，不能有效的代表语言，不能将语言所要表达的意思准确而详尽地记载下来，也就不能使语言在时间和空间方面所受的限制得到最大限度的突破。能够完成这一突破使命的，只有真正能记录语言的文字。

　　文字是怎样记录语言的呢？首先，文字体系中的每一个文字的形体都必须与语言中具体的词建立起固定的音义联系，反映语言中特定的词的发音的字音，反映这一特定的词的含义的字义，加上记录这一特定的词的音与义的字形，就构成了文字的三要素。将这些形、音、义兼备的符号，按照它所代表的具体语言的词序规范作线性排列，就能够将该种语言的词句准确无误地记录下来了。这样的符号，就是我们所讲的文字。

　　应该指出的是，不少书籍（包括一些工具书）在给文字下定义时，往往只提"文字是记录语言的符号"[①]，不提"文字是记录语言的书写符号系统"，我们认为这是不够完美的。例如，云南景颇族很著名的一种树叶信，就是利用树名和某些事物叫法同音的关系，用某种树叶代表某些事物去记录语言中的词的。例

[①] 经本植. 古汉语文字学 [M]. 成都：四川教育出版社，1984.

如,"豆门"树与表"打扮"的词同音,即用以记录"打扮";"蒲软"树与"到达"一词同音,即用以记录"到达"。可以说是对语言的记录了,但它是实物符号,谁也不会称之为文字的,只有能够记录语言并且是书写符号系统才能称作文字。

现在我们知道的世界上的文字共有400多种,汉字只是其中的一种。作为记录语言的书写符号系统,每种文字都必定是某种具体语言的记录,都与某种具体的语言相联系,英文是英语的记录,俄文是俄语的记录,汉字则是汉语的记录。所谓汉字,就是记录汉语的书写符号系统,是扩大汉语在时间和空间上的交际功能的辅助工具。

"汉字"一词出现得比较晚,在不知道有汉字以外的文字存在或者没有必要将汉字与别的文字加以区别时,一般只称"文字",更早的时候则只称"书"、称"名"、称"文"、称"字"。

《韩非子·五蠹》:"古者仓颉之作书也,自环者谓之私,背私者谓之公。"(按:《说文解字》引作"自营为厶"、"背厶为公")这里的"书",即指文字。

《周礼·春官·外史》:"掌达书名于四方。"郑玄注:"古曰名,今曰字。"这里的"名",也指的是文字。

《左传·昭公元年》:"于文,皿虫为蛊。"杜预注:"文,字也。"这里的"文",指的是文字。

《说文解字·犬》:"犬,狗之有县(悬)蹄者也,象形。孔子曰:'视犬之字如画狗也。'"这里的"字",指的自然也是文字。

秦时的《琅邪刻石》:"器械一量,同书文字。"当是"文""字"连称的较早记录了。

"书"、"名"、"文"、"字"、"文字"虽然出现时间有先后的不同,但所指应是同一事物。《说文解字·叙》:"仓颉之初作书,盖依类象形,故谓之'文';其后形声相益,即谓之'字'。字者,言孳乳而浸多也。"对于这一段话,有人理解为"独体为文，合体为字"①，有人理解为"表意为文，标音为字"②，实际上许慎并不是对"文"与"字"下定义，而只是对"文""字"名称由来的说解。顾炎武的《日知录》："春秋以上言'文'不言'字'，如《左传》'夫文，止戈为武'，'故文，反正为乏'，'于文，皿虫为蛊。'及《论语》'史阙文'，《中庸》'书同文'之类，并不言字。"江永的《群经补义》："其称'书'、'名'为'字'者，盖始于秦吕不韦著《吕氏春秋》，悬之咸阳市，曰：'有能增损一字者，予千金。'此称'字'之始。前此未有以'文'为'字'者。"即使在《说文解字》当中，也都是"文""字"混用的，《说文解字》在每部之末合计字数时，都统称"文若干"、"重文若干"，这里的"文"，显然不仅仅指独体字或表意字，它包含着大量的合体甚至是形声结构的字；《说文解字》："羊，祥也。象头、角、足、尾之形。孔子曰：'牛羊之字以形举也。'"无论是主张独体为文也好，主张表意为文也好，"羊"与"犬"字，都只能称"文"，不能称"字"的，但孔子都称为"字"，就是称"文"称"字"指的都是同一事物的很好说明。

"书"、"名"、"文"、"字"本来都是汉族人用来指称自己的文字的。在不知道有汉字以外的文字存在的时候，它的指称是惟一的；但是在知道汉字之外尚有别的文字的时候，尤其是需要与别的文字加以区别的时候，就有必要在它的前面加上一个定语加以限制了。在历史上大概有两次比较突出的事件导致了这种必要：一是随佛教传入而出现了梵文，一是蒙古族入主中原的元朝出现了蒙古文。南朝梁僧祐的《梵汉译经音义同异记》："或善梵文而不了汉音，或明汉文而不晓梵音。"《元史·兵志》："造

---

① 郑樵：《通志·总序》；段玉裁：《说文解字注》。
② 唐钰明：《许慎文字解》，中国古文字研究会第二届年会论文。

蒙古汉字文册以用。"显然,"汉文"、"汉字"的指称都较"文字"明确、科学,只是由于照顾习惯,现在一般仍多称文字或中国文字而已。

"汉字学"的名称出现更晚,原先只称"文字学",更早的时候则只称"小学"。"小学"本是学校的名称,与"大学"相对而言。我国从西周开始就设有小学。一些人根据东汉班固的《汉书·艺文志》:"古者,八岁入小学,故周官保氏掌养国子,教之六书……"把"小学"理解为小孩的识字教学,其实是不正确的。《大戴礼·保傅篇》:"古者年八岁而出就外舍,学小艺焉,履小节焉;束发而就大学,学大艺焉,履大节焉。"束发前之所学,绝不是小孩识字教学那么简单,它应该包括整个解经的基础学问,亦即传统语言学的内容。

现在谈"小学",有广义与狭义之分。广义的"小学"包括文字、音韵和训诂三个部分;狭义的"小学",则仅指文字形体之学。其实,"小学"创立之初,本无所谓文字学、音韵学、训诂学,它是为适应解释经典的需要而建立起来的。字形、字音、字义都以字为核心,文字、音韵是训诂的手段,而训诂则是文字、音韵知识的应用,三者之间并不是平行发展的学科,而是相互渗透的。"小学"实质上是文字学、音韵学、训诂学三位一体的一门学科。一部《说文解字》,不就既分析字形,又解释字义,有时还兼及字音吗?初期更重文字、训诂,魏晋以后,音韵的研究才逐渐发达起来。隋唐以后,"小学"的范围有了明确分工,即细分为文字、音韵和训诂三个部分。宋代王应麟在《玉海》里说:"文字之学有三:其一,体制,谓点画有衡从、曲折之殊,《说文解字》之类;其二,训诂,谓称谓有古今雅俗之异,《尔雅》、《方言》之类;其三,音韵,谓呼吸有清浊高下之不同,沈约《四声谱》及西域反切之学。"这应该是明确而系统地提出将"小学"分为体制(即文字)、训诂、音韵三个门类的较早论著了。

清末章太炎在《论语言文字之学》中指出:"自许叔重创作《说文解字》,专以字形为主,而音韵、训诂属焉……合此三者,乃成为语言文字之学。此固非儿童占毕所能尽者,然名为'小学',则以袭用古称,便于指示;其实当名语言文字之学,方为确切。"这是十分正确的。嗣后,他的弟子合编《文字学》讲义,朱宗莱编《文字学形义篇》,钱玄同编《文字学音篇》,"文字学"才开始取代"小学"的叫法。

以"文字学"的称名代替"小学",这自然是一大进步。但章太炎的"文字学"所包含的范围仍然是相当笼统的,与原先的"小学"并无多大区别,主要是"正名"而已。事实上,"文字学"的名称仍然是不够理想的。它的不足主要表现在以下两个方面。

第一,研究的对象不明确。文字学自然是以文字为研究对象的一门科学了,但世界文字有400多种,我们研究的仅是其中的一种,笼统称文字学,不能将它与世界各国文字的研究区别开来。民国以来不少学者新撰的文字学著作定名为"中国文字学",显然是意识到这一问题了,但是严格说来,"中国文字学"一名也还是不够完美的,因为中国文字,除了汉字之外,还有藏文、蒙古文、维吾尔文、纳西文、苗文以及西夏文等多种,"中国文字学"一名的指称同样是不够明确的。

第二,研究的范围和内容不明确。今日世界文字的研究已相当发达,其内部已分化出很多的门类,从研究的方法特征着眼,有比较文字学、描写文字学、历史文字学等的不同;从研究对象的范围着眼,有以世界上所有的文字为研究对象,通过比较、分析、综合,既揭示一般文字的共有性质、特征与产生、发展和结构规律,又揭示不同文字类型之间的区别和联系的"普通文字学"与以某种具体文字或某种具体文字的某个时段为研究对象,通过静态描写与历史考察，揭示其发生、发展及结构规律的"个别文字学"的区别，我们的研究属哪种类型呢？"文字学"的笼统叫法是难以明了的。

容庚先生在20世纪30年代发行的《中国文字学》讲义中，尽管仍然用"中国文字"的表述，但明确指出了"我国文字，乃属意标，形与音离"的特点，事实上已经指向了"汉字"，这是较此前学者的一大进步。同时，容先生还界定了我国文字学的范围，包括"穷造字之本原"，"定文字之义旨"，"明演变之程序"三方面，在实践上已将文字与音韵、训诂区别开。此后，唐兰先生更在理论上鲜明地提出了"不想把音韵学找回来，还得把训诂学送出去"的主张。文字研究最终得以从传统小学中独立出来，容、唐二位学者的功劳是很大的。

现在，人们已越来越清楚，我们研究的这门学问，只以汉字为研究对象，它以探讨汉字的起源、性质、结构和发展规律，探讨汉字形、音、义之间的关系以及汉字之书写、正字法等为内容，它的确切名字应该是"汉字学"。

尽管不少人为了照顾传统，仍将我们的这门学问习称为"文字学"，但使用"汉字学"名称的学者已经越来越多，像蒋善国编写的《汉字学》、张玉金和夏中华编写的《汉字学概论》以及王宁编写的《汉字学概要》等即是。

第二节 汉字的历史功绩

汉字是世界上几种最古老的文字当中唯一能够流传下来并且具有强大生命力的文字。古埃及的圣书字，苏美尔人的楔形文字，玛雅人的图形文字等都很古老，但它们或因某种历史原因而消亡，或因文字的根本变革而废弃。只有汉字，从产生之日起，一直沿用到现在。几千年的发展演变，一脉相承，从未间断，确实是相当伟大、令人惊叹的。

　　汉字历史功绩的第一个方面,表现在它扩大了汉语的交际功能,促进了人类的文明。文字出现以前,经验的积累,信息的交流,主要靠口耳相传,不但零散、不成系统,而且容易失实和误传,生产力的提高和生活环境的改善都有很大窒碍,社会发展极其缓慢。汉字产生后,信息交流的手段产生了革命性的变化,语言的交际功能大大提高,生产协作与技术交流状态可以在极大的范围和深度上得到改变,前辈的生产、生活经验可以得到最大限度的继承,并直接促进社会的发展。汉字的产生和应用,使当时居住在中华大地上的远古先民结束了口耳相传的传说时代,一举进入了有史时代。人们常常将文字的产生看作人类文明的重要标志,说它是中国社会的第一次信息革命,是中国文明史上的第一块里程碑,确实一点也不过分的。

　　汉字历史功绩的第二个方面,表现为对汉语日益丰富和精密的促进。这种促进作用大致表现为以下三个方面:一是汉字记录汉语过程中对口语的加工和锤炼。汉字在记录汉语的过程中,一直对口语不断地进行加工,逐渐形成了比较发达的书面语言。书面语言将新出现的词语和语法结构巩固下来,再反过来影响口语,使口语日益丰富和精密。二是富有生命力的语言成分的保存。汉语保存了大量的成语和古语,大大增强了语言的表现力。这些语言成分都是通过汉字保存下来的,在流传过程中久经考验,生命力是很强的。三是对外来语的吸收。用汉字记录下来的书面语言更有利于汉语跟其他民族的语言进行交流。汉语中有大量的借词,主要是通过书面语言转借过来的。总之,有了汉字,汉语才能达到非常丰富和精密的程度,也才能有今日这样发达的书面语言。

　　汉字历史功绩的第三个方面,表现为它对维护汉民族的团结和统一所起的积极作用。汉民族历史悠久,地域辽阔,人口众多,方言歧异现象十分突出,但汉族人民始终保持着高度的团结与统一,即使在异族入侵以至统治的情况下,也没有引起汉族的分化和瓦解,这与汉字长期所起的积极作用是分不开的。由于汉字的表意性质,不同方言区的人们可以使用同一书面语言进行交流,在一定程度上克服了方言的障碍,促进了民族共同语的形成和发展,约束了方言的分化。正因为汉民族长期使用着统一的文字,保持着统一的书面语,形成了光辉灿烂的汉文化,产生了一种无可比拟的强大的凝聚力。直到今天,汉字仍然是联系世界各地炎黄子孙的重要纽带。

汉字历史功绩的第四个方面,表现为它在世界文化史上的特殊地位和影响。依赖汉字的记录得以流传下来的浩如烟海的历史文献,是世界文化的重要财富,这是不用多说的了。汉字作为世界上几种最古老而又唯一能够流传下来的文字,经过几千年延绵不断地发展,保存着大量断代明确的象形、象意的早期文字,字形本身往往就是当时文化状况的反映,当中确实蕴藏着无数对研究古代社会有价值的资料,无论是对人类历史文化抑或对语言文字的研究,都有独特的价值。郭沫若正是通过研究中国古代的文字来研究中国古代的社会的。他曾经指出:"舍中国古代文字,无由洞悉中国古代社会的真相。"汉字在世界文化史上的地位和影响,于此可见一斑。

此外,在文字创制方面,汉字对其他民族也有深远的影响。在历史上,我国境内有些少数民族曾仿照汉字创造过自己的文字,如契丹文、女真文、西夏文等。朝鲜、越南也都有过使用汉字的历史,日本、韩国至今还使用部分汉字。同时,他们还仿照汉字创造出自己的文字,如朝鲜利用汉字的笔画创制"谚文",越南用汉字作基础,仿制汉字六书方法创造"喃字",日本利用汉字制定了"假名",等等。

总而言之,汉字同中华民族的存在和发展是密不可分的。如果没有汉字，中国浩如烟海的历史文献就无法流传下来；没有汉字记录汉语，汉语就不可能发展到今天这样发达和精密的程度；没有汉字维护汉民族共同语，在方言分歧和政治动荡的形势下，中国不可能成为今天这样一个幅员广阔、人口众多的统一的大民族；从研究人类历史文化和语言文字的角度看，汉字更是世界上独一无二的宝藏。凡此种种，说明汉字对中华民族，乃至整个人类的文化，都做出了杰出的贡献。

第三节　学习汉字学的意义

汉字有如此辉煌的历史功绩，对它的学习，在探讨世界文明史及世界文字的发生、发展与演变规律方面有着十分重要的理论意义，这是不言而喻的。这里想特别指出的是，对汉字学的学习，在继承和发扬中华文化传统方面也有着极其重要的现实意义。

（一）研读古籍的需要

汉字是中国文化的载体，中华民族在历史上创造过光辉灿烂的古代文化，在政治、经济、军事、文学、史学、哲学等方面都曾取得过重大的成就。承载着这样一些丰富文化遗产的古代典籍可谓浩如烟海，它们基本上是用汉字记录下来的，既有历代相传的流传至今的今文字抄本，也有古人记录下来、一直埋藏在地下而今日重见天日的古文字抄本，我们要对这些典籍进行整理和研究，批判地继承这笔丰富而宝贵的文化遗产，就一定要学习汉语、学好汉字。如果不懂汉字，读不懂古书，我们便难以真正了解中国文化，继承祖国文化遗产就只能是一句空话。

古文字抄本主要包括甲骨文、金文和战国简帛文字。这些材料在地下埋藏了几千年，没有经过任何窜改，更能反映原来的面貌，是最为可靠，也是最有价值的文献材料，对于校勘传世先秦古籍有重要作用。例如《尚书》中有"前宁人""宁王""宁武"等语，旧注均不得其解，清代吴大澂等学者用金文校读，指出"宁"（🕱）其实是"文"（🕱）字之误，"宁王"即"文王"，"宁武"就是文王、武王，而"前文人"则是金文习见的对先人的称呼，一个流传了上千年的错误由此得到了纠正。然而从上述例子也可以看到，出土材料上的这些文字跟现代汉字的字体有很大的差别，不经过专门的学习、训练，连字都认不出来，更不用说正确阅读并加以研究利用了。要想认识古文字，不学习、研究汉字学，是无法做到的。

即使是用今文字记录下来的传世文献，虽然里面的每一个字都可以认识，但是，古书多借字、讹字、异体字，如果没有汉字学基础，不了解汉字形体的变迁与字音演变的历史，我们将无法辨别它们之为借字、讹字抑或异体字；就是同一个字所记录的词，古今词义也可能有很大的差异，没有汉字学基础，不懂得汉字的结构和演变规律，我们将无法透过字形分析去探求本义，无法掌握其引申、假借的线索，无法掌握好古书中的具体用字及其在文中使用的具体音义，也就无法正确理解古代典籍。例如：

（1）虽及胡耇，获则取之，何有于二毛？（《左传·僖公二十二年》）
（2）取彼狐狸，为公子裘。（《诗·豳风·七月》）
（3）取妻如何？匪媒不得。（《诗·豳风·伐柯》）
（4）郑国多盗，取人于萑苻之泽。（《左传·昭公二十年》）

这几句话中都有"取"字，但"取"字的意义各不相同。（1）句用本义，指割下战俘的左耳。《说文解字》："取，捕取也。从又，从耳。《周礼》曰：'获者取左耳。'《司马法》曰：

'载献聝。'聝者，耳也。"（2）句用的是直接引申义，捕捉之义。（3）句用的是间接引申义，后来为这个意义造了个后起字"娶"。（4）句用的是假借义，本字是"聚"。不掌握汉字学原理便很难准确理解了。

又如《墨子·旗帜》："巷术周道者必为之门。门二人守之，非有信符，勿行。"按今义去理解，是很难说通的，如果具有一定的汉字学基础，知道"行"的本义指道路，从"行"之字皆与道路有关，"术"字本义亦当为道路，问题就可以迎刃而解了。

（二）研究语言、文化的需要

1. 汉字字形对研究汉语史有独特意义

汉字是表意文字，汉字的形体与汉语词的音、义关系密不可分，研究汉字有助于正确认识汉语词的音、义发展变化。

（1）有些形声字的声符可以标示语源，因此，从字形结构上，可以辨别汉语的一部分同源词。如从"巠"得声之字大多有"细、直而长"的意思，"经"是织布机上的纵线；"径"是小路（许训"步道"），引申为"直径"；"泾"是像道路一样直的水流（《释名·释水》："泾，径也。言如道径也。"）；"胫"是从膝盖到脚跟的部分；"颈"是人或动物头和躯干相连接的部分；"茎"是草木的主干部分。这些字所代表的事物都有"细、直而长"的特点。又如从"辟"得声之字大多有"不正、偏、在边上"的意思，"嬖"是偏爱，偏宠；"避"是避开，避开即让在一边；"壁"是墙壁，"四壁"即屋子的四边，故引申有"边"义；"癖"是癖好，也是一种个人的偏爱；"僻"是偏僻；"臂"是胳膊，胳膊在躯干的两边，这些字所代表的事物都有"不正、偏、在边上"的特点。

（2）古今字的产生反映了汉语词义的分化发展。例如："莫—暮"，"莫"的本义是傍晚，《说文解字》："莫，日且冥也。从日在茻中。"以太阳落入草莽之中会意。这个字后来写作

"暮",是因为"莫"常被借作否定性无定代词,久借不还,于是在"莫"字的基础上加上"日"旁另造"暮"字表示本义。又如:"益—溢","益"的本义是水漫出来,《说文解字》:"益,饶也。从水、皿,皿益之意也。"这个字后来写作"溢",也是由于"益"常用来表示增益、利益等引申义,本义和引申义的使用频率都相当高,为了不使字的负担太重,才在"益"的基础上加上"水"旁另造"溢"字以明确本义的。了解古今字的分化情形,对了解词义发展历史大有帮助。

(3) 有些历时的异体字也反映词义的发展历史。例如:《说文解字》:"獘,顿仆也。从犬,敝声。《春秋传》曰:'与犬,犬獘。'斃或从死。""獘"的本义是倒下去,《左传》定公八年:"阳州人出,颜高夺人弱弓,籍丘子鉏击之,与一人俱獘,偃,且射子鉏。中颊,殪。"颜高与一人俱獘,只是倒下去,并没有死,所以才可以一个翻身,射倒子鉏。"獘"在先秦一般写作"獘",后来引申出"死亡"义,才造出一个将形旁换成"死"的异体字。"斃"见于《说文解字》,说明最迟在东汉,"獘"字已经有"死亡"的意义。

(4) 形声字的声旁反映了上古语音系统及其演变规律。例如:"房"的声旁是"方",声母是唇齿音(古代叫轻唇音)。但我们习惯上都把"阿房宫"的"房"读为 páng,即可作上古没有轻唇音的规律的佐证。又如:"竺—笃",二字皆从"竹"得声,上古应同音。"竺"、"笃"韵部同属屋韵,声纽则"竺"属知母,"笃"属端母,这种情形即表明"知、端"二母为同一声纽所分化,正可作上古没有舌上音的规律的佐证。再如:"待—特—等",三字皆从"寺"声,今音虽有较大差别,而以古音考之,三字声母同为舌音,韵部分属"之"、"职"、"蒸",正好是阴、阳、入对转的关系。

2. 有助于研究中国的文化习俗

语言不仅是人类思维和交际的工具，还是人类文化载体，作为记录汉语这一汉民族文化载体的汉字，自然承载着十分丰富的文化信息。近年来，不少学者致力于研究汉字与文化的关系，探求其中的规律，在此基础上建立起汉字文化学这一新兴学科，其重要依据即是汉字的形体结构所负载的文化信息。

汉字是表意文字，它不仅记录着造字时代存在过的某些事物，而且记录着当时人们如何透过这些事物去表达某种含义的思维方式。因此，我们可以通过研究古文字字形来了解古代的物质文化和社会习俗。

甲骨文的字形可以形象反映上古时代刑罚的残酷。例如：

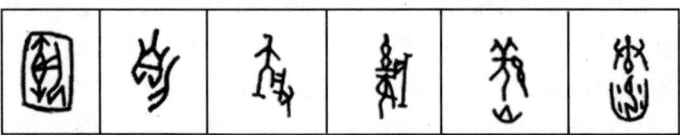

第一个字是甲骨文的"囚"字，像人戴着手铐囚禁于监狱之中。

第二个字是甲骨文的"劓"字，一看就知道是割鼻之刑。

第三个字是甲骨文的"刖"字，像用手拿着一把锯子式的刑具锯割人的下肢，一种残酷的锯脚之刑。

第四个字不见于后世字书，从"奚"（像用发辫吊着双手反缚的奴隶形象，本义当为罪隶），从"戌"（像斧钺之形，即"钺"之初文），即示以钺砍伐罪隶头颅之意。

第五个字亦不见于后世字书，是一幅脖子上系着绳索的羌奴被放在火上烧的野蛮图景。

第六个字亦不见于后世字书，像将跪着的人置于陷坑之中，用双手持午（"杵"的初文）以土舂之，简直是一幅活埋人牲的图画。

甲骨文、金文的字形还可形象地反映上古时代的农业生产情况。例如：

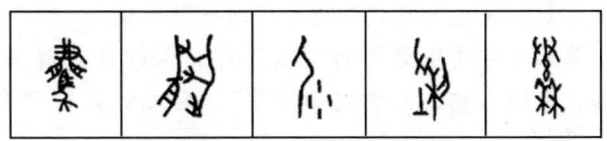

第一个字不见于后世字书，像手持双耒以马耕作之形，说明马耕在我国北方历史悠久。

第二个字是甲骨文的"耤"字，《说文解字》："耤，耕也。"字像人持耒耜操作之形，是商代农耕的形象写照。

第三个字是甲骨文的"屎"字，像人蹲着排便之形。甲骨文有"屎西单田"之语，是给西单田施粪肥的意思，表明商代的农业生产已经懂得施用有机肥了。

第四个字是甲骨文的"采"（"穗"的初文）字，《说文解字》："采，禾成秀也，人所以收。"字像人持刀割地上之禾，是商人收割的形象描绘。

第五个字是甲骨文的"秦"字，像双手抱杵舂禾之形，亦商人"打禾"的图景。

甲骨文的字形还可以形象地反映上古时代的渔猎方式。例如：

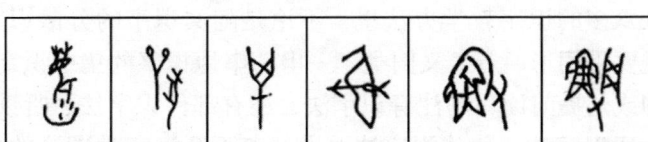

第一个字是甲骨文的"阱"字,像以陷阱捕鹿之形,反映的是当时的一种田猎手段。

第二个字是甲骨文的"獸"字,从"单"、从"犬","单"为弹弓,"犬"为猎狗,均为狩猎工具,本义当指狩猎,后世"狩"就是从这个字分化出来的,这个字形本身也是商代狩猎手段的一种反映。

第三个字是甲骨文的"禽"字,像捕捉野兽用的工具,有网有柄,可隶定为"罕"。金文加声符"今"写作"񎄣",后来演变成"禽"。如果没有甲骨文的这一字形,我们就不知道商代曾经有这样一种田猎工具,也不知道"禽"原来是一种猎具,用为动词指擒获(这一意义后来写作"擒"),再引申才指擒获之物,这样一个来龙去脉了。

第四个字是甲骨文的"射"字,像矢在弓上之形,金文或从"手"作"󰀀",篆文从"身",实为"弓"字写讹。甲骨文、金文的字形亦是当时田猎手段的一种反映。

第五个字和第六个字都是甲骨文的"渔"字,第五个字是用鱼钩钓鱼,第六个字是用渔网捕鱼,透过字形可以想见当时的渔猎生活。

(三)汉字教学与改革的需要

1. 汉字学的理论对于汉字教学具有重要的指导意义

在众多的识字教学方法里,不论是随文识字的分散识字法,还是主要采用形、音、义归类、一串一串地识字的集中识字的方法,抑或是提前读写的注音识字法,还有部件识字法、听读识字法、循环识字法、猜认识字法等,都离不开汉字学理论的指导。

特别是把常用的独体字叫"基本字"（即基本偏旁），然后引导学生用已知的基本字去组合，辨认未知的合体字的所谓集中识字法，实际上就是偏旁分析法在识字教学中的具体运用，可以大大提高汉字教学的效率。由许慎首创的偏旁分析法，是研究汉字结构的基本方法，无论对古今汉字都是适用的。

在纠正错别字的教学中，汉字学理论的指导也是必不可少的。从汉字本身的特点出发，重视笔画、笔顺、偏旁部首的教学，对纠正错别字很有好处。例如："礻"和"衤"、"阝"与"阝"、"亻"和"彳"、"商"与"商"，形体相近易于混淆，如果我们对它们进行溯源分析，并通过大量的例子加以说明，完全可以有效地减少错别字。

2. 汉字学的理论对新时代语言文字工作的中心——促进语言文字的规范化、标准化亦有重要的指导作用

汉字的整理，包括精简笔画和精简字数。不管是整理汉字，还是汉字的标准化（定量、定形、定音、定序）都必须根据文字发展的规律，把那些符合文字发展规律的成分，用法固定下来，加以推广；同时对一些不符合文字发展规律的和没有必要存在的歧异成分及用法，妥善地加以处理。汉字的现代化，指汉字的信息处理（拆字输入和拼音变换），从 20 世纪 60 年代末期开始，一代又一代的中国人为汉字进入电脑进行探索，形成了几百种汉字编码方案，成功的汉字编码必须依据汉字本身的内在规律，才能做到既符合习惯，又提高效率。

第四节　学习汉字学的方法

任何学问的理解与掌握都有一个学习方法问题，对汉字学的学习同样要讲究方法，很重要的一条是，必须以辩证唯物主义和历史唯物主义作为指导思想。郭沫若是第一个运用马克思主义的

观点和方法研究古文字的学者,他在甲骨文、金文、石鼓文等方面的研究都取得了卓越的成就。这不但因为他精通典籍、知识渊博、才华出众,而且跟他较早地接受了马克思主义密切相关。我们学习汉字学绝不可忽略这一科学思想的指导。

我们要注意继承传统语言学的成果。汉字学与词汇学(包括训诂学)、语音学(包括音韵学)的关系非常密切。形、音、义是汉字的三要素,研究汉字的形体必然要涉及汉字的读音和意义,而且必然要借助于训诂学和音韵学的研究成果。汉字是一种有理据的符号,汉字的形体结构能提示意义或兼提示读音,但总的来说,字形并不能直接反映出词的准确意义,它必须经过解释才能将意思表述完整。纯会意字是如此,形声字更是这样。形声字的形旁往往只能表示词的意义范畴,我们要确定字的确切含义必须有文献依据,这就需要充分利用训诂学的研究成果。古代汉语当中存在着大量的通假字,如果不懂音韵,不明通假,就无法在文字研究中用好古代文献。汉字当中形声字占主流,由于从古到今语音发生了很大的变化,而相当部分声旁都不能适应这种变化,所以,不少形声字的声旁都未能准确标音,不了解古今音变也就不能真正了解和掌握汉字结构规律。

《说文解字》是汉字学的奠基之作,自汉至清,汉字学研究的重心都在"说文学"(也叫"许学")上。因此,继承传统汉字学的成果,主要是继承"说文学"的成果。我们不但要认真学习《说文解字》,同时还要阅读《说文解字》以外的有关资料。学习《说文解字》,不可忽视对《说文解字·叙》的学习,这不仅因为它叙述了文字的起源,文字发展的过程,文字构造的方法等内容,为汉字学奠定了理论基础,而且还因为它对全书写作目的、依据、方法等的说明,对我们学习和把握全书内容有重要的指导作用。其次,还要注意学习《说文解字》的540部首,这些部首是全书形义体系的总纲,掌握了这些部首,就可以提纲挈领，讨源探流。当然最重要的还是对正文的学习。正文保留了9 353个字的小篆写法，给我们提供了9 353个汉字形义结构的分析，不但为我们总结汉字结构演变规律提供了很好的素材，而且还是我们认识古文字的桥梁。正如唐兰在《古文字学导论》中说的："我们遇见一个新发现的古文字，第一步就得查《说文解字》，差不多是一定的手续。"《说文解字》以外的有关资料，最重要的是清代《说文解字》四大家的著作，即段玉裁的《说文解字注》（简称《说文》段注），桂馥的《说文解字义证》，王筠的《说文句读》和《说文释例》，朱骏声的《说文通训定声》。从学习汉字学的角度看，都很值得一读，尤其是《说文》段注。

此外，要注意吸收出土文献的研究成果。由于《说文解字》对汉字的分析基本上是依据小篆，而小篆的一些形体在流传过程中已经发生讹变，因此《说文解字》对这些字形的分析甚至字义的理解都可能发生错误，如果我们能够用更古的字形作分析说明，就可以纠正这方面的错误。

例如，《说文解字》"止，下基也。象草木出有址，故以止为足。""止"甲骨文作" "，族名金文作" "，像脚趾之形，本义应该是脚趾，即"趾"的初文。由于《说文解字》对"止"的本义错解，也就导致从"止"的"出、各、之、正"等字的解说有误了。《说文解字》："出，进也。象草木益滋，上出达也。"甲骨文作" "，从"止"、从"凵"，像人举足从坎穴走出之形（古人穴居），实无"草木益滋，上出达也"之象。《说文解字》："各，异辞，从口、夂（zhǐ）。夂者，有形而止之，不相听也。"甲骨文作" "，从"夂"、从"凵"，像人足走下坎穴，本义当为"到达"，即典籍训"来"的"格"的初文，"异辞"仅是它的假借义，"从口"、"有形而止之"之说，显然是牵强附会。《说文解字》："之，出也。象草过中，枝茎益大，有所之。一者，地也。"甲骨文作"㞢"，从"止"、从"一"，本义当为"往"，并无"草过中"之象。《说文解字》："正，是也。从止，一以止。"甲骨文作"𧾷"，从"止"、口"（丁）声，"止"示行动，当即"征"之初文，"一以止"显然也是附会之说。

又如，《说文解字》："元，始也。从一，从兀。"甲骨文作"ᚣ"、"ᚤ"，本义当为人头。《左传·襄公九年》："元，体之长也。"《左传·僖公三十三年》："狄人归其元，面如生。"《孟子·滕文公下》："志士不忘在沟壑，勇士不忘丧其元。"用的都是字本义。可见许慎是以引申义为说，对字形的分析也是错误的。

再如，《说文解字》："奔，走也。从夭，贲省声。"金文作"𠭯"，上面为两手上下摆动的奔跑人形，下面是三个"止"，正是三步并做两步走的形象。许慎对本义的解释是正确的，但字形分析有误。

《说文解字》："叟，老也。从灾，从又，阙。"甲骨文作"ᚥ"，像人手持火把在屋中搜寻东西，当为"搜"之初文。后借为"老叟"之"叟"并为借义所专，遂为本义另造"搜"字。《说文解字》以借义为说，自然就解释不清了。

可见，对出土文献研究成果的利用，是十分重要的。为更好地利用前人的研究成果，学会查阅《甲骨文编》、《金文编》或《汉语大字典》等工具书也是十分必要的。

其次，必须重视规律的总结。"小学"向被视为经学的附庸，这就形成了传统汉字学的研究重文字事实轻理论概括的特点。对单个汉字的分析大多细致深入，但对整个汉字体系的理论概括则明显薄弱。我们必须反对这种轻视理论的倾向。任何事物都不是孤立存在的，它的生存、变化、发展都与周围的事物密切相关，文字形体也不例外。如果我们能够在对字形个案作深入分析的基础上跳出来，站在更高的角度上观察不同形体间的区别和联系，观察不同形体的共有特征、发展的共同路径、同受的制约因素等，我们就有可能总结出更新的汉字结构和演变的规律，更清楚地认识和把握汉字这一书写符号系统。

再次，要注意相关学科的联系。汉字学跟历史学、民俗学、考古学的关系都很密切，一方面是从事历史学、民俗学、考古学的研究必须有汉字学基础，因为文献史料上的文字要经过解释，才能读得懂。另一方面是由于汉字是表意文字，它的形体本身往往是造字时代的社会状态的反映，因此，分析字形有时也需要借助于历史学、民俗学、考古学。例如，甲骨文的"𠂇"字，大家都承认是"俘"的本字，但为什么从"子"不从"人"呢？历来的解释都不清楚。于省吾从摩尔根的《古代社会》中得知，原始社会的部落战争中，作战双方往往俘虏对方小孩以补充伤亡，这就很好地解释了"俘"字从"子"的原因了。又如，古文字中有"中"字，旧不识。郭沫若根据考古，发现古代盾牌有像此形者，便使"盾"字得到确识了。

总之，学习的方法不只以上这些，具体说来，还要因人而异，要在学习的过程当中不断摸索、不断总结。只要勤学苦练，方法对头，学好汉字学也并非难事。

第二章 汉字的性质特征

第一节 汉字是记录汉语的书写符号系统

汉字是记录汉语的书写符号系统。几千年来，汉语从比较原始、比较简单的氏族语言发展到比较发达的民族共同语；汉字也由表意字为主的原始文字逐渐演变成以象形符号为基础，以形声字为主体的方块汉字。一个是记录者汉字，一个是被记录者汉语，它们的发展都不是孤立的，而是既相互联系，又相互促进，并最终导致相互间的共同发展，这在整个汉字与汉语发展的历史长河中是可以看得十分清楚的。

下面，我们想通过汉字记录汉语的种种表现，去考察汉字与汉语之间的关系。

一、第一性与第二性的关系

语言是客观存在的，是文字反映、记录的对象，是第一性的，而文字是对语言的反映、记录，是第二性的。唐代著名经学家孔颖达在《〈尚书·序〉正义》中对思想、语言、文字三者的关系做过一个很好的表述，他说，"言者意之声，书者言之记。"意思就是说，语言是表达思想的有声符号，而文字则是书写符号对语言所作的记录。任何文字都是为适应具体语言的需要产生的，都是使用该种文字的民族为记录自己的语言而创造出来的约定俗成的符号系统。汉字是汉族人民为记录汉语而创造出来的，从古到今，它的整个体系都要以汉语为基础，受汉语的制约。嘴里发出什么音，笔下才能写出代表什么音的字。不仅汉字的基本要素要与汉语相适应，而且它的表意程序也必须遵守汉语的规范。它的表意功能必须通过汉语去实现，这是汉字最本质的特征。过去有一种说法，以为文字是目治的，汉字可以直接表达概念而不通过语言。这种说法显然是错误的。因为任何文字材料都得按照一定的语言规范去排列，而人们接触这些文字材料时，也总得先在脑袋里将文字还原为语言，然后按照一定的语言规范去接受它们反映的内容。语言才是思想的直接体现者，文字要表达思想，只有通过它所记录的语言去间接实现。

当然，汉字接受汉语的制约，并不是被动接受的，它在接受汉语制约的同时，还会积极地反作用于它所记录的汉语。因为口语是即时应对，随想随说，语言的组织没有足够的推敲余地，而书面语可以从容写作，有较多的时间慢慢推敲琢磨。相对而言，书面语用词选择范围较广，语法结构比较严密复杂，逻辑性比较强，可以讲究连贯照应，可以减少废话。这些优点反过来给口语以积极的影响，并且推动口语沿着更丰富、更精密的方向发展。

二、基本适应又存在矛盾的关系

（一）基本适应的一面

汉字一字一音一义的特点与汉语以单音节为语素基本形式的情形相适应。汉字是形、音、义的结合体，每一个形体代表一个音节，且有相对独立的意义，这和汉语以单音节为语素基本形式，尤其是早期汉语中单音节词占绝对优势的情况是十分适应的。虽然社会的发展，使汉语出现了复音化趋向（据统计，甲骨文的词汇已出现复音化的萌芽，西周金文复音词比甲骨文有了长足的发展,而春秋战国时期复音词已占全部词汇的20%以上①),但在新出现的复音词中,占绝对优势的也还是合成词,先秦时代已出现的"朋友、周旋、小人、百姓、有夏、沛然、司空"等自不待言,就是近现代新产生的"火车、飞机、导弹、卫星、航母"等合成词也都是通过单音节语素的语义联合来表达一个整体意义的,其中起作用的还是单音节语素。汉字集形、音、义于一身的特点,完全可以满足汉语词汇复音化的发展需要。

以形表意为基础的构字方式与同音词多的情形相适应。同音词的大量存在是汉语的一大特色,仅《新华字典》"bì"音下所收的50个字就记录着近50个同音词,要区别这50个同音词,靠字母拼音记录语词的表音文字是无法办到的,而以形表意方式为构字基础的汉字,却可以用不同的形体去区别这些同音词的语义,即配合目治在书面上区别这些同音词。

单音节汉字与汉语表达语法意义的手段相适应。汉语与印欧语不同,印欧语讲究数、性、格、时等形态变化,语法关系比较复杂,所以,文字放弃从词义入手,只记录词的读音。汉语则缺乏词形变化,它用来表达语法意义的主要手段是词序和虚词,例如,"我打他"和"他打我",都是主动宾结构的句子,词形(主格的"我"和宾格的"我";主格的"他"和宾格的"他")相同,不同的意思是通过不同的词序安排来表达的;"厚者为戮,薄者见疑"(韩非子《说难》)其被动关系也是靠虚词"为"和"见"来表示的。不管是利用词序,还是利用虚词,这种表现语法范畴的手段都没有超越单字的范围,而这正是和单音节的汉字相适应的。

汉字的超方言性与汉语的多方言状态相适应。由于政治、经济和地理上的原因,汉语长期以来形成了多方言的状态,方言间语音、词汇差异较大。特别是语音差异更为突出。但几千年来,

---

① 参见唐钰明:《金文复音词简论》;程湘清:《先秦复音词研究》。

无论古今南北语音如何悬殊，都一直使用着同一种文字，保持比较统一的书面语言，这跟方块汉字本身标音不明确，一个字可以读出不同方音的所谓超方言性的特点是分不开的。

长江以南、京广线以东地区汉语的方言情况至为复杂。各方言区的人，如果不学习普通话，或不互相学习对方的土话，几乎可以说是无法进行交流的。但他们完全可以通过书信来沟通，也就是说，用汉字书写的文章、著作，各方言区的人都可以读懂。这就是汉字的超方言性功效。

汉字所以具备这种超方言特性，其原因即在于汉字是表意文字，字形直接反映语义而不是语音。从古到今，汉语用字的变化（如古今字、异体字等）比字音的变化慢得多，汉字字形的稳定性和继承性很强。虽然词义的演变也曾导致用字的变化，但新旧字形上一般都有一定的联系，往往有迹可循。方言之间，词汇与语法的差别是很小的，最大的差别在于语音。各方言的用字基本相同，只是读音有很大差异。由于汉字是表意字，形声字的声旁标音作用不强，字音对字形的依赖很弱，因此，我们能用同一种文字来记录语音差异很大的各种方言。

上述情况表明，汉字在记录汉语方面是基本适应的。正因为如此，汉字才能够随着汉语的发展保存下来，一直沿用到现在。不像古埃及的圣书字，苏美尔人的楔形文字，中美洲印第安人的玛雅文字那样，早已变成了僵化的躯壳。相反地，汉字在今天仍然有强大的生命力。

（二）相互矛盾的一面

由于语言与文字发展的不平衡，汉字在记录汉语的过程中也出现了一些不协调甚至相互矛盾的地方。主要表现在以下几个方面。

1. 字和词的矛盾

在拼音文字里，一个字就是一个词，词典就是字典，字和词是一致的。可是，在汉语中，字和词却是两个不同的概念。两者有时是一致的（如一个单音词等于一个单字），有时却并不一致（如多音词即不止一个单字）。尤其是近代汉语多音词越来越多，而汉字则是绝对的单音节，因此，用单音节的字虽然可以记录多音节的词，却出现了字和词之间的矛盾。例如，汉语中有许多词头词尾的成分（不成词语素），如"老虎"、"石头"、"凳子"等，如果把这些双音节词拆开来按着字面意义去理解，就会闹出笑话。更能说明问题的是双音节的单纯词（单字不表示语素）。例如，"蝌蚪"、"蜘蛛"、"蚯蚓"、"琵琶"等，都是无法分开的整体，倘若拆开来讲，便不成词，单就文字而言，这些词里的任何一个单字都没有独立的意义。试以"蝌蚪"、"琵琶"为例，在《新华字典》里，"蝌"字下面并没有单独解释它的字义，一定要与"蚪"字连在一起，对"蝌蚪"一词才有意义可解。"琵琶"也是这样，"琵"字一定要与"琶"字连在一起，对"琵琶"一词才有意义可言。"蜘蛛"、"蚯蚓"、"蟋蟀"等莫不如此。这样一来，就同汉字是形、音、义的统一体这个一般的定义发生冲突了。好在这类词为数不多，在汉语中并不占重要位置。但是，如果我们不注意净化语言，讲话喜欢以夹杂外来词汇为时髦，让不符合汉语构词习惯的音译外来词不断扩充的话，字和词的矛盾就会更加突出甚至激化起来。

2. 一字数义和一义数字的矛盾

造成一字数义的原因有假借和引申（包括虚化）。汉字为了适应记录新词的需要，经常采用两个办法：一是假借，一是另造新字。假借是借用一个现成的同音字来记录新词的方法。汉语中有些词（包括部分虚词和实词）由于意义比较抽象，不好造字，没有自己的书写形式，就借用同音字来表达。如借"丈夫"之"夫"作指示代词和句首语气词，借"耳朵"之"耳"作句末语气词，借"花草"之"花"记录"花钱"之"花"。有时候，同一个字可以假借来表示几个不同的词。例如："干—幹—乾"。其结果必然造成一字数义。词义的不断发展，使词由单义变成多义。由于新字的制造常在新词产生之后，在一定时期内，仍维持着一字数词（义）的局面。例如："奉—奉、捧、俸"；"说—说、悦"。

造成一义数字的原因主要是假借和构字方式多样，再有，就是同物异名现象。

有时候，人们假借几个不同的字来记录同一个词，这是造成一义数字的一个重要原因。例如：第二人称代词古籍多用"汝"，但也有以"女"、"如"为之的；"普遍"的"遍"字古籍多作"徧"，但也有以"辨"、"辩"为之的。

构字方式多样导致异体繁多是造成一义数字的又一重要原因。造字方法的不同，偏旁部位的变换，笔画的变形，形声字中义近形旁的改换，音近声符的改换等，都导致了异体字的产生。从小篆时代开始，汉字中形声字就占绝对优势。由于时、地、人的不同，同一个字所用的声符或形符可以有所不同。例如，"女婿"的"婿"字，异体作"壻"。虽然声符都用"胥"，但强调其为男士，便写作"士"字旁的"壻"；强调其为女之夫，便写作"女"字旁的"婿"。又如"荇菜"的"荇"，因为它是草本植物，所以用草字头作意符；但声符却可以不同，由于"杏"、"行"音近，都可标示它的读音，因此，有用"行"作声符的"荇"，也有用"杏"作声符的"莕"。这样一来，自然容易造成一义数字的现象了。

同一事物在不同时地有不同叫法，需要用不同的字去表达，也是造成一义数字的一个原因。比如"父亲"，有的地方叫"爸"，便造一个"爸"字；有的地方叫"爹"，又造一个"爹"字。又如，"儿泣不止"，朝鲜叫"咺"，宋齐叫"喑"，秦晋叫"㗁"，楚叫"咷"，一义便造出数字了。

一字数义是书写符号少于语言中的词，而一义数字则刚好相反，是书面符号超过语言中的词，这是汉字记录汉语的过程中出现的文字符号不足与多余的矛盾现象。

3. 言文不一致的矛盾

鲁迅先生曾经说过,"中国的言文一向就不一致的。"古代字少不够用,书面语用词要比口语节省好多,只能算是口语的摘要,所以,口语跟书面语不一致,自古已然。到了近代,作为古人口语摘要的文言文更加与群众口语严重脱离了,就是在后来的白话文中,许多口头上的词仍然没有适当的文字可以表达,这种情况在各种方言中尤为突出。即使有字可写的词,在许多方言中还流行着文白两种读法。这些固然是文字发展落后于语言发展的表现之一,而它所暴露出的汉字体系本身(非拼音性)存在着不能适应书写口语的矛盾,才是这个问题的实质所在。

4. 汉字"超方言"特性与汉语规范化的矛盾

随着汉民族共同语的形成和发展,汉语方言迅速向民族共同语靠拢和集中,这是总的发展趋势。在这个总趋势下,汉字可容纳不同方言的优点,倒反成为方言向共同语集中的障碍。在识字教育和推广普通话的过程中,这种障碍表现得很明显和顽固,这也是汉字不能很好适应汉语发展的又一个方面。

当然,汉字与汉语相互适应是发展中的主流,两者出现某些不协调的地方,是可以因势利导,加以克服的。汉字记录汉语就是在这种新旧矛盾的统一中不断向前发展的。

第二节 汉字是音节的表意文字

关于汉字的性质问题,现在学术界还有很多争论。我们采用音节的表意文字这样一种说法。文字是记录语言的符号体系,一种文字的性质,是由该符号体系所表达的语言要素来决定的。以往的论述,一般把世界上的文字分为三种类型,即表形文字、表意文字和表音文字。

表形文字又叫象形文字，是用描写物体形象的符号表示语言中个别词的概念的文字。它靠描绘物体的具体形象来表意，只能有限度地记录语言中某些有形可像的实词，不可能有效地表达语言。因此，表形文字只是文字发展过程中的早期形态。在体系完备的文字中，实际上并不存在纯粹的象形文字。

表意文字是用一定体系的象征性符号表示词或词素的文字，它一般不直接或不单纯表示语音。表意文字的象征性符号大都从表形文字脱胎出来，构形比较复杂，同时，由于语言中词汇的数目繁多，且在不断地变化，因而表意符号的数量也随之大大增加；象征性符号虽然也有表示音和音节的功能，但这种符号本身不能同语音发生直接的联系，不像表音文字，只要掌握了为数不多的几个字母和拼写规则，就能够将听到的写下来，或把看到的读出来。通常把苏美尔人的楔形文字，古埃及的圣书字，玛雅人的图形文字以及我国的甲骨文都看作表意体系的文字。

表音文字是用一定数量的字母拼写词的声音的文字。根据拼音字母所表示的语言单位的不同，又可以分为音节文字和音素文字两种。音节文字的每一个符号代表个别音节，如日本的假名；音素文字的每一个符号代表语音里的一个单位，如用拉丁字母拼写的英文和用斯拉夫字母拼写的俄文，都是音素文字的代表。

虽然汉字属表意体系文字的观点曾被我国语言文字学者普遍接受，但由于假借与形声构字方式存在并占有较大比重，所以，提出不同看法的学者越来越多。20世纪30年代，美国语言学家布龙菲尔德提出"表词文字"说[1]；50年代美国的 I. J. Gelb 提出"词—音节文字"说[2]；赵元任提出"语素文字"说[3]；周有

---

[1] 布龙菲尔德. 语言论 [M]. 袁家骅，等译. 北京：商务印书馆，1980：360.

[2] GELB I J. A study of writing [M]. Chicago: The University of Chicago Press, 1963.

[3] 赵元任. 语言问题 [M]. 北京：商务印书馆，1980：144.

光提出"意音文字"说①；伊斯特林主张称古汉字为表词文字，现代文字则叫词素文字②；裘锡圭认为语素—音节文字跟意符音符文字两种名称可以并存③。

我们认为，这些说法都有其可取之处，都从不同的侧面或角度揭示了汉字的部分特点，对于认识汉字的性质具有十分重要的意义。一种文字的性质，是由该符号体系所表达的语言要素来决定的。口头语言有两个要素——语音和语义，记录语言的文字，只能从中选择一个要素来作为构形的依据。文字形体或直接反映语义，或直接显示语音，正是依据这个标准，人们将世界文字体系划分为表意文字和表音文字两大类型。显然，汉字应该属于表意体系的文字。

从甲骨文到现在通行的楷书，虽然中间经历过形体上的多次变化，汉语也由单音节词占优势的古代汉语演变为多音节词占优势的现代汉语。但是，汉字记录汉语的性质并没有发生根本的变化。关于汉字的表意性，我们可以从如下几个方面进行分析。

首先，从汉字符号的来源与构形原则看。汉字符号是从象形符号发展而来并按一定规律组合而成的。尽管方块汉字的笔画已经变成不象形的象形符号了，但它们原先都有一定的意义，由这些符号组成的汉字也就往往带有表意的成分。六书中的象形、指事、会意就属于纯粹的表意字。至于占现代汉字90%以上的形声字，是由半边表意、半边表音的符号合成的。表义的形旁不消说正是表意文字的特征，表音的声旁照理该是汉字的标音成分了。但这些音标本身却是一个象形符号，或者是以象形为基础的

---

① 周有光. 文字演变之一般规律 [J]. 中国语文. 1957（7）.
② 伊斯特林. 文字的产生和发展 [M]. 左少兴，译. 北京：北京大学出版社，1987：34.
③ 裘锡圭. 文字学概要 [M]. 北京：商务印书馆，1988.

符号，它们同汉语语音的音值依然没有直接的联系。加上语音的演变，在客观上削弱了声旁的表音作用。创造形声字的目的并不在于使汉字能反映语音，而主要是为了分化汉字，使汉字完备起来，能有效地记录汉语。形声字的形符能够标示词义的类属，而声符的表音功能极不健全，决定汉字性质的只能是形符（详见第四章的第二节和第三节）。所以，就整个形声字而言，仍然属于表意文字的范畴。

其次，从汉字表达汉语的情况看。汉字既然是音节性的符号，一个符号便代表着汉语的一个音节。汉语词汇不论古今，都有单音节与多音节之分。对于单音节词来说，一个字就是一个词，例如"日"、"月"、"虫"、"鱼"，都有独立的意义，其中不少还是纯粹的表意字，体现着汉字表意性的造字原则；对于多音节词来说，一个字只作为构词成分来使用。如"人民"一词中的"人"和"民"，"政府"中的"政"和"府"，在这种情况下，字和词就不是一一对应的。但是多音节词往往与作为词素使用的单字字义有关。一般是字义的引申或转移，仍然可以看到汉字的表意成分；对于纯粹的表音词来说，一个字只单纯代表一个音节，不具有任何意义，但仍常常以形旁标记该词义的范围或属性。如"枇杷"中的"木"旁，"琉璃"中的"王"旁，"蚯蚓"中的"虫"旁，依然摆脱不了形旁的束缚，这也是汉字表意性的表现。

总之，汉字可分两大类：一类是纯粹的表意字，虽然为数不多，却是汉字中的常用字，组词能力特别强；一类是形声字，数量极多。纯表意字固然是表意文字，形声字就整体言，仍属于表意文字范畴，这是决定汉字性质的重要方面。另外，每个汉字都和汉语中的一个音节对应，代表汉语里的一个词或词素，这是决定汉字性质的又一方面。所以，就汉字的整个符号系统而言，汉字应属于表意性质的文字，确切地说，汉字是音节的表意文字。

第三章 汉字的起源

文字的发明,是人类社会进入文明时代的重要标志。因此,关于文字起源的问题,历来都是文字学甚至是整个人类文化史研究的一个重要课题。我们知道,研究历史主要靠两方面的材料,一是史籍的记载,一是考古发掘,两方面的证据都相当重要。我们在这一章的第一节、第二节将分别从史籍记载和考古发掘材料两个方面对与汉字起源有关的一些问题进行考察。第三节则在前两节考察的基础上,结合有关原理,对汉字体系的形成过程作一些审慎的推测。

第一节 关于汉字起源的传说

要谈汉字的起源,必然要追溯到史前时期,而史前时期经验的积累和信息的交流都靠口耳相传,因此,史籍所载,也只能是史前传说的追记。这一节主要是分析有关汉字起源的一些传说。

从《左传》、《荀子》、《韩非子》、《淮南子》、《汉书》等史籍记载中,我们可以看到,有关汉字起源的探索,春秋战国以至秦汉时期均颇为盛行,而比较系统的表述,则见于东汉许慎的《说文解字·叙》:"古者庖牺氏之王天下也,仰则观象于天,俯则观法于地,视鸟兽之文与地之宜,近取诸身,远取诸物,于是始作易八卦,以垂宪象。及神农氏结绳为治而统其事,庶业其繁,饰伪萌生。黄帝之史仓颉,见鸟兽蹄迒之迹,知分理之可相别异也,初造书契。"

在许慎的表述中，提到了庖羲画卦、神农结绳、仓颉造字三大事件。他的本意大体是指出文字为仓颉所发明，而在仓颉造字以前，大抵曾经过用画卦与结绳来帮助记忆的时代。显然，许慎并没有把八卦与结绳看作文字的前身，只是将三者编联在一起，这就很容易给后人造成错觉，以致后来有人据以证明汉字起源于八卦和结绳，甚至引出将八卦和结绳附会为文字的荒唐举动来。

先看"八卦"说。史籍讲八卦，一般都是指乾、坤、震、艮、离、坎、兑、巽八个卦的卦形：

☰ ☷ ☳ ☶ ☲ ☵ ☱ ☴

这八个卦形是由"——"和"— —"两种符号作三个一组的变换排列所得出的八个不同组合体，用这八种卦形代表八种不同事物，是可以起到帮助记忆的作用的。但要用来记录语言，则还远远不够，显然还称不上是文字。至于它与汉字的关系，从八卦卦形以"——"和"— —"两种符号为基础，而汉字以象形符号为基础来看，它们应该属于两个完全不同的体系。两者并无共通之处，彼此也没有继承关系。宋代郑樵在《六书略·论便从》中提出"文字起于八卦"说，他把"☵"（坎）说成是"水"字的横写，将"☲"（离）说成是"火"字的横写，将"☷"（坤）说成是"巛"（坤）字的横写，都是牵强附会的说法。

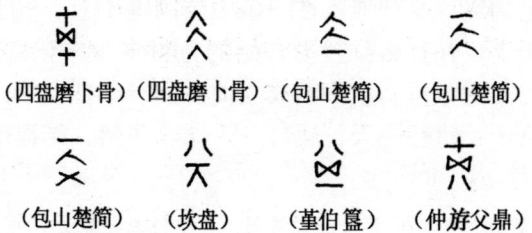

近年的研究成果表明,商周甲骨、铜器乃至不少战国简帛所记录的八卦都是用数字来记录的。

第一卦由"七五七"三个数字组成,这三个数字都是奇数,分别记录三个阳爻,是为乾卦;第二卦由"六六六"三个数字组成,均为偶数,分别代表三个阴爻,是为坤卦;第三卦由"六六一"三个数字组成,代表上面两个阴爻和下面一个阳爻,是为震卦;第四卦由"一六六"三个数字组成,代表上面一个阳爻和下面两个阴爻,是为艮卦;第五卦由"一六五"三个数字组成,代表上下两个阳爻,中间一个阴爻,是为离卦;第六卦由"八一六"三个数字组成,代表上下两个阴爻,中间一个阳爻,是为坎卦;第七卦由"八五一"三个数字组成,代表上面一个阴爻,下面两个阳爻,是为兑卦;第八卦由"七五八"三个数字组成,代表上面两个阳爻,下面一个阴爻,是为巽卦。均不以"——"和"— —"形式记录。易卦的最初形式是数字还是卦画尚未可论定①,说它是汉字的前身,又怎么能令人信服呢?

再看"结绳说"。我们的祖先曾经历过结绳记事阶段,应该是可信的。《老子》、《庄子》、《易·系辞》等书中均有上古结绳而治的记载,只是对结绳记事的细节,各书都没有加以描述而已。我们可以通过《周易正义》引郑玄注"结绳为约,事大,大结其绳;事小,小结其绳"的解释,结合秘鲁与我国一些少数民族至今尚未失传的结绳记事情形进行考察。秘鲁的土人用数条不同颜色的绳,平列地系在一条主要的绳子上。根据所打的结在哪条绳子上,在什么位置上和结的数目多少来记载不同性别、不同年龄的人的数量。新中国成立前我国云南独龙族人远行,借结绳计算日子,每行一天,就打一个结。显然,结绳的记事功能

---

① 商周铜器上有"☰ ☷"形式符号,可能与太玄筮法有关,如是,则用"——"和"— —"代表阴阳的记卦形式亦有相当长的历史,孰先孰后,未可论定。

是极其微弱的，只是汉字产生以前人们为突破语言在时空方面所受的限制的多种尝试中的一种。从整个结绳体系的本质看，应该属于临时商定的、含义笼统的实物助记符号，与作为语言的书写符号系统的文字根本不是同一层次上的东西。它不仅不能算作文字，而且也不可能发展为文字。《易·系辞上》说："上古结绳而治，后世圣人易之以书契。"这里的"易"就是"替换、取代"的意思。结绳这种方法并不能很好地扩大语言的交际功能，于是要由文字来取代，是用书契（文字）取代了结绳，而不是由结绳发展为书契，这是十分清楚的。宋人郑樵明确提出"汉字由结绳而来"，清人王闿运、刘师培更是愈演愈烈，竟然将结绳符号附会为有形有音的所谓"结绳文字"，显然是荒唐的。至于有些学者提到金文中的"╎"（十）、"∪"（廿）、"ω"（卅）可能取象于结绳符号的问题，我们并不排除这种可能性，但保留到造字时代的这些结绳符号，应该是造字时代普遍使用的记数标志，其含义已经单一化、固定化，与语言中的词建立了固定的联系，而与结绳时代那种笼统的、不固定的绳结有本质区别。这种个别记数标志为文字所吸收的现象实在不足为奇，它与现代文字中对阿拉伯数字的吸收性质相类似，个别符号的吸收与符号体系的继承完全是两码事。

最后，看看"仓颉造字说"。仓颉造字说在战国乃至秦汉都颇为流行，《世本·作篇》、《荀子》、《吕氏春秋·君守》、《韩非子·五蠹》以至《仓颉篇》（李斯）、《淮南子·本经训》、《论衡·骨相》等史籍均颇多记载，当中不乏神化、离奇的成分，但不少学者还是认为，虽然文字并非仓颉一个人所能创制，仓颉有四只眼睛，生而能书，造字时天雨粟、鬼夜哭等怪异现象也不可信，但仓颉却真的可能确有其人，说他是黄帝的史官也并非没有根据。因为按文献的记载推算，黄帝时代大约在公元前两千五六百年，与近人关于汉字起源距今有五六千年的估计相距不远。文字虽然不可能是仓颉一人创制的,但他对早期文字的搜集、整理与推广有过较大的贡献则是可能的,而这也正是史官的职责。所以,说仓颉是黄帝史官的传说并非子虚乌有。由仓颉造字说我们可以大致推知,汉字的产生大约在黄帝时代稍前,而黄帝时代,曾经由史官仓颉主持,进行过中国历史上的第一次文字统一工作。

第二节　原始社会陶器上的符号

汉字的初形及产生的确切年代,目前仍然因为缺乏物质证据而未能断定。近几十年来,我国的考古工作者陆续发现了不少新石器时代的遗址,在这些遗址上,出土了许多有刻画符号的陶器和陶片。这些陶器或陶片上的刻画符号,现在已被普遍认为是研究汉字起源的重要材料,但我们认为,要证明它们已经是文字,或确证它们与汉字有着某种必然的继承关系,则仍有证据不足之嫌。这些原始社会陶器上的刻画符号,按照它们的特点,大体上分为几何线条刻画与图形符号刻画两大类型。几何线条刻画可以西安半坡和临潼姜寨的仰韶文化遗址所出的为代表,图形符号刻画则可以山东莒县陵阳河大汶口文化遗址所出的为代表。

先看看仰韶遗址陶片上的刻画符号①:

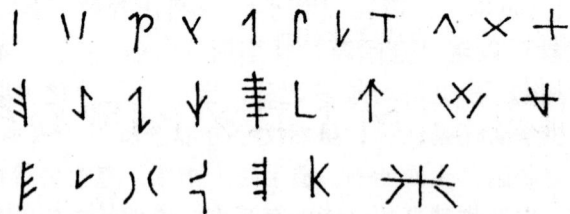

---

① 本节所列陶器符号主要转引自高明.中国古文字学通论[M].北京:文物出版社,1987.

把仰韶文化遗址的刻画符号看作中国原始文字的人,喜欢拿这些刻画符号与甲骨文相比附,如以"丨"为"十",以"十"为"七",以"丅"为"示",以"↑"为"矛",以"丫"为"中",以"卡"为"阜"等,并借以证明它们与甲骨文的渊源关系,认它们为汉字的始祖,作为汉字有六七千年历史的依据。我们并不简单地否定汉字有六七千年历史,只是在西安半坡和临潼姜寨采集到的200多种仰韶刻画标本中归纳出来的50多种不重复的形体,基本都是由几何线条组成的,它们与以象形为基础的古汉字根本不属于同一系统,实不能随意比附。如果仅仅依据一种符号体系与另一种符号体系中的某些特例相近似,便断定两者之间有继承关系,岂不是也可以因为这些刻画中有近乎英文的"L、T、X、Y、S、Z、K、L、O"等字母的形体而论定它们与英文之间也有某种渊源关系吗?再说,类似的刻画尚见于甘肃马家窑文化遗址:

浙江良渚文化遗址:

河南偃师二里头商代文化遗址:

郑州二里冈商代文化遗址：

值得注意的是，下图所示的山西侯马东周晋国遗址上的刻画符号与陕西仰韶文化遗址、甘肃马家窑文化遗址、浙江良渚文化遗址、河南偃师二里头及郑州二里冈商代文化遗址所出的陶器刻画显然是一脉相承的，但与几乎是同时同地的遗存物——精美的文字书写品"侯马盟书"之间却找不出丝毫的联系。

山西侯马东周晋国遗址

侯马盟书

汉字的发展已经历过比较成熟的甲骨文、金文进入了"侯马盟书"那样的高级阶段，而侯马刻画却仍停留在与仰韶刻画无大区别的近乎原始的形态。可见，由仰韶到侯马的陶片刻划与汉字体系应该属于平行发展、互不相干的系列，企图通过某些特殊形体的比附去证明它们有渊源关系的做法是不切实际的。

再看看大汶口文化遗址陶片上的图形符号：

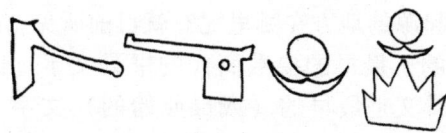

在这类刻画符号中已发现的形体虽然不多，但它们已经懂得有意识地去描摹实物，并且懂得将描摹的实物做出比较复杂的组合安排，较之仰韶文化遗址的随意刻画自然要高级许多。有些学者将它们当作象形字、会意字去加以解释，这是一点也不奇怪的。

不过，尽管以象形为基础的大汶口文化遗址的刻画符号与汉字有某些相似的地方，但它们往往都单个存在，零碎而不成文。我们不能在一定的语言环境中去考察它们，既不明了它们的确切含义，也丝毫没有掌握它们已被用来记录语言的证据，因而也就无法断定它们是否是文字，不过说它们与汉字起源有某些联系，这大致是可以说得过去的。

第三节　汉字体系的形成

目前我们所知道的世界上几种最古老的文字，图绘性都很强，表明它们与图画之间有一种渊源关系，它们应该都是由图画发展而来的。因此，学者们普遍都认为，在文字产生以前，一般都经过图画记事的阶段。汉字体系的形成，也应该经历过由图画到文字的阶段。

一、汉字起源于图画

我们说汉字起源于图画,这不仅符合文字起源的一般原理,而且具有强有力的实物证据。汉字的初形及其产生的确切年代现仍因缺少物质证据而未能断定,因此,我们目前还未能触及它的源头,但我们可以从最靠近源头的地方往上探索。我们所能触及的最靠近汉字起源的地方在哪里呢?就目前所见,成体系的、可以确认为文字的,最早的要数商代的甲骨文了。这里想强调一下,不是说甲骨文是最早的(或最原始的)文字,它只是我们现在所能见到的成体系的文字中最早的一种,在它之前肯定还有时代更早的、形态更加原始的文字,只不过现在尚未发现而已。商代甲骨文中有不少图绘性极强的形体,例如:

第一个字是"鹿"字,其形象可一望而知。

第二个字是"象"字,一看就知道是一只大象的形象,不过竖放而已。

第三个字是"宴飨"的"飨"字,是两个人相对跪坐在食器前就食,可以说是一幅简化了的宴飨图。

第四个字是"毓"字,是生育之育的初文,左上是象征成年女性的母字,其臀部下面是子字的倒写,正是小孩出生头先着地的形态,下面三个小点则是生育时流出来的血液、羊水,简直是一幅反映妇女生育的图画。

通过这几个甲骨文字的形体,已经可以清楚地看出汉字与图画之间的渊源关系了。

为了进一步说明这个问题，我们再看看下面几个形体：

三形同属于早期铜器中保留下来的一些被称作"图形文字"或者"族徽符号"的形体，它们的图绘性比甲骨文更强，与图画更加接近。它们虽然出自商末周初的铜器上，但它们所保留的形体的初创时代，应该在殷墟甲骨文之前。前两个形体我们现在还无法了解其确切含义。第三个形体则与甲骨文中常见的"殷"字同形。为什么我们不直接称之为文字呢？由于它们大多以独立形式出现，即使有些与成篇章的铭文铸在一起，也不会作为句子成分掺入成篇章的铭文中，无论其位置在铭文的前面抑或后面甚至在铭文的中间，释读时都是独立于成篇章的铭文之外的，加上不少形体的确切含义至今仍未能知晓，它们与成熟的甲骨文、金文不是一回事，但可以肯定的是，它们与大汶口文化遗址的刻画有明显的不同。因为它们中间存在某些与甲骨文字形构造完全相同的形体，即使这些形体还不能算作文字，起码也是直接被文字所吸收，表明它们与文字之间确确实实有一种渊源关系，应该属于表意文字或表意图画向文字过渡阶段的遗存。它们都可以作为汉字起源于图画、汉字产生以前曾经历过图画记事的阶段的物质证据。许慎的《说文解字·叙》虽未明言汉字起源于图画，但他说，"仓颉之初作书也，盖依类象形……"这里的"象形"实际上已透露出文字与图画密切相关的信息了。

有关我们的祖先如何用图画来表意的问题，现在还很难有一个真切的了解。北美印第安人流传下来的一些表意图画，至今仍保留着原来的解释，倒是可以用作我们研究这一问题的参考。

危崖警告　　　　　　　　奥基布娃的"情书"

《危崖警告》是刻在美洲新墨西哥的危险的悬崖上的表意画。一只后仰的马和一只向上走的羊，表示这个石崖，羊可以走上去，马却要跌下来，目的是提醒人们攀登时要特别小心。《奥基布娃的"情书"》是一个叫奥基布娃的印第安女子写给她的心上人的"情书"，图的左上角是一只代表女子氏族图腾的熊，左下角是一条代表男子氏族的泥鳅，曲线表示应走的路线，帐篷表示幽会的地点，帐篷里的人表示她在等候，旁边的三个"十"字，表示周围住的是天主教徒，帐篷后面的大小三个湖沼，用以指示帐篷的位置。由于特定环境的提示，《危崖警告》的图画确能提起行人的注意，避免不必要的损伤。由于有授受双方的默契，奥基布娃的情人亦能按图索骥，如约幽会。图画的表意手段较形象、具体，除了一般的帮助记忆之外，它还可以表达较为完整的意思，交流比较复杂的思想内容。但是，如果《危崖警告》离开了具体环境的提示，《奥基布娃的"情书"》离开了授受双方的默契，要了解其确切的含义，恐怕也是十分困难的。[①]

二、从图画到文字的飞跃

我们知道，记事画一般是由若干实在的物象联合起来去表达

---

① 《危崖警告》转引自蒋善国：《汉字的组成和性质》；《奥基布娃的"情书"》转引自梁东汉：《汉字的结构及其流变》。

一种意思或一件事情的。由于画面的组合未能与语言发生直接的联系,其表意的明确性和稳定性就不能不受到一定的限制。对于同一思想的表达,由于思维方式和表现技法等方面的差异,亦会产生出多种不同画法;对于同一个图形,由于人们观察角度的不同,认识深浅有差异,往往都会出现多种不同的理解;画面上各个组成部分相互交错,理解时就有一个先后次序的排列问题,不容易把它们连贯成固定的解说话语,画面所要表达的意义,也就难以有一个固定的解释;有限的画面不可能把要表达的意思描绘得十分详尽,理解时就有很大的伸缩余地,观察角度的正侧、思想修养的高低,观者用心的粗细、对作画背景和作画人习惯了解的深浅等,都会造成对画意理解的差异;画面只能描绘实在的物象,有些无形可画的意思,或者还可以通过有形的物象去作间接的示意,但对于这种间接示意的接受程度如何,则完全由观察者的反应能力决定。这样,人们对画意的理解,就必然会有更大的差异了,至于那些连间接示意都无法表达的抽象意思,记事画就更加无能为力了。

　　记事画要冲破上述局限,唯一的出路是向语言靠拢,成为语言的替身,而最有效的办法,是把整幅画拆散成个别的图形,使每一个图形都能与语言中的某个语素相对应(即有一定的读音和意义),然后把这些代表语素的个别图形,按照具体语言中组词造句的顺序作线性排列起来。这样,就可以把要讲的话准确无误地记录下来,把所要表达的思想明确地表达出来,而人们又可以通过图形的序列,重现语言的词句,了解对方所要表达的意思了。图画发展到这一步,就已经为语言所吸收,变成为语言的一种形式,从代表事物形象的图画飞跃到代表语言的文字了。

　　图画一旦发展成为文字,就和语言结下了不解之缘。哪怕是最原始的象形文字,也必然是分析为单个的、固定的形体,在音读和意义上代表一个独立的、确定的语素,与别的形体组合时,则要遵守语言中的语素组词造句法则，按具体语言中的语词顺序作线性排列。只要认识这种文字的人，就都能在声音上做出相同的诵读，在意义上取得一致的理解，正是文字的这些特征，形成了它与它的前身——有形无音、意义含糊、形态多变的记事画——之间的本质区别，造成了文字与图画之间不可逾越的鸿沟。不管原始象形字与记事画怎样相似，两者都有本质的区别；无论原始象形字与今天通行的楷书在外形上有多大的差异，它们在本质上都没有什么不同！

当然，由图画到文字的飞跃，并不是一朝一夕所能成功的，它肯定要经过几千年甚至几万年的酝酿才能最后完成。而飞跃实现之后，文字本身还得经历一个由产生到成熟、由成熟到完善、又由完善到更加完善的不断发展的过程。

文字从开始产生到形成体系，一般都要经过一个漫长的过程，其间大体要经过以下几个阶段。

第一阶段是个别符号的创造。个别文字符号的创造是以表达某一具体事物为主的。在文字符号创造的初期，几乎每个人都是造字者，符号往往因人而异，五花八门，带有很大的主观性和随意性。由于尚未得到社会的公认，因此通用的范围很窄，还没有完全具备交际功能。

第二阶段是约定俗成的原始文字。个别创造的符号在经过比较大的范围内的传播和流通之后必然有所选择和淘汰，最后每个概念都留下一个比较固定的形体去记录并且为社会公认，即得到约定俗成。经过约定俗成的原始文字代表语言中的某一个具体的词。当然，仅凭这些表达有限概念的文字符号，要有效地记录语言还会遇到很多障碍，一般都要掺和其他非文字的手段，才能在社会上起一定程度的交际作用。

第三阶段是经过统一整理的成体系的文字。原始文字只能记录部分语词，但还不能有效地记录语言中的句子。它可以表达某一具体的概念，但还不能完整地表达比较复杂的思想内容。为了适应社会上日益迫切的需求，还要有一些表达具体概念之外，能够串通句子，即能够记录多种语言成分的符号，才能在表达语言中应付自如。这样，一套成体系的书写符号才正式宣告形成。

以上每个阶段，大抵都要经历上百年乃至上千年的时间。人类在社会实践中不断创造文字符号，又不断加以整理和规范，经过无数次的约定俗成，通过一系列的改进，才能完成一种语言的书写符号系统的创造。

迄今所能见到的，真正形成体系的汉字最早的是商代的甲骨文。但根据实际情况分析，汉字体系的形成，应该在更早的年代——奴隶制国家建立的夏王朝时期。这种结论，不仅基于甲骨文的成熟程度表明汉字体系的形成当在商代以前，而且基于夏王朝有了产生文字的必要性与可能性。国家的管理工作，需要有条理性比较强的档案文书，对成体系的文字的产生提出了客观需求；体力劳动与脑力劳动的分工，使一批巫史之类的专业人员能够脱离生产劳动，专门从事文字的搜集、整理和规范、统一的工作，从而为文字体系的形成提供了条件与可能。因此，汉字体系的形成最迟在夏代，应该是顺理成章的。此外，《史记》夏、殷本纪及《竹书纪年》对夏王朝十三世十六王、商王朝十七世三十一王记载之清晰、明确，流传有绪，与《五帝本纪》之矛盾乏序迥异，正如范文澜指出："《史记·殷本纪》所记殷王世系，经卜辞证明是正确的。《夏本纪》所记夏帝世系，可信也有所本。"夏朝历史近500年，如此明晰可信的世系记载，恐非仅据口耳相传之材料所能奏效，亦可作夏朝已有文字之一佐证。

第四章　汉字的结构

　　汉字属于表意体系的文字，它同拼音文字的区别，在于文字符号不直接反映语音。相反，字形与字义之间的联系非常密切，分析字的形体结构，是进一步认识汉字的形、音、义的基础，这在汉字学以至整个传统语言学研究中都占有极其重要的地位。

　　这里所讲的汉字结构，与书法上所讲的那种间架结构不同，它研究的主要不是从美学角度出发的笔画的分间布白与位置安排，而是汉字作为表意符号的构成方式，亦即一般所讲的汉字的造字方法。

　　必须明确的是，汉字是我们的祖先凭借集体的力量在长期的摸索中逐渐形成起来的，人们不可能先有一套完善的方法，然后才依照这些方法去造字。所谓象形、指事、会意、形声等造字条例，实际上都是汉字已经发展到比较完善的程度时，人们根据当时的字形结构分析归纳出来的，对这些造字方法的掌握，自然有利于对汉字的进一步整理，有利于对以往汉字的深入认识，有利于对未来汉字的进一步改革。而对于我们这些学习汉字的人来说，更重要的还是运用这些造字方法，对汉字进行结构分析，以便更好地掌握汉字的形、音、义的本源，正确地认识和使用汉字。

　　总之，掌握汉字的造字方法，认识汉字的结构规律，无论是对识字教学，还是对于辨析词义、纠正错别字等方面来讲，都是十分重要的。

第一节 传统的汉字结构理论

传统的汉字结构理论，主要是六书说。

一、六书说的形成

六书的名称，最早见于战国时代的《周礼》："保氏掌谏王恶，而养国子以道，乃教之六艺：一曰五礼，二曰六乐，三曰五射，四曰五驭，五曰六书，六曰九数。"

由于这里的六书只有总名，并无分目，因此，具体所指是否就是后来解释的六种造字条例，历来都颇有争议。不过，从《左传》和《韩非子》等书的记载看，春秋战国之际，分析汉字结构之风颇为盛行。

《左传·宣公十二年》："楚子曰：'夫文，止戈为武。'"

《左传·宣公十五年》："故文，反正为乏。"

《左传·昭公元年》："秦医和曰：'於文，皿虫为蛊。'"

《韩非子·五蠹》："古者仓颉之作书也，自环者谓之私，背私谓之公。"

虽然这些分析未必符合造字本意，但说明在当时的文人阶层当中，通过分析文字结构来阐发字义确实已成风气。六书之说发源于春秋战国时期，应该是可信的。不过，六书理论的最后成熟，则应该在两汉时期。汉代学者解释《周礼》"六书"并具列细目的主要有三家：班固（见于《汉书·艺文志》）、郑众（出自《周礼解诂》，该书已佚。今据郑玄《周礼》注中所引）、许慎（见《说文解字·叙》）。而三家对六书所作的分类虽然内容上是一致的，但具体名称及次序排列，却还未有很好的统一。

班固说：象形 象事 象意 象声 转注 假借

郑众说：象形　会意　转注　处事　假借　谐声
许慎说：指事　象形　形声　会意　转注　假借

　　许慎是著名的经学大师，他的六书名目系列，确是具有经学哲理的抽象概括，为班固、郑众两家所不及，但他对六书次序的安排，却又不如班固这个历史学家考虑周到。班固的六书次序，尤其是前四书，正反映出汉字由浅入深，由简单到复杂，由表意到形声的发展趋势，将造字方式须借助前几项成果的转注、假借放在最后，也有一定的道理。所以，后世谈六书，一般都是采用许慎的名称而选择班固的次序安排的。

　　但是，班固和郑众都没有对六书的内容作进一步的解释，只有许慎才第一次给六书的名目定下界说。而全面运用六书理论去分析汉字，也是到了《说文解字》才完成的。可以说，《说文解字》的出现，才是六书理论完全成熟的标志。尽管许慎的说解非常简约，后人对它的理解也不尽相同，但总体来说，还是大同小异的。今天我们研究汉字的结构，仍然要以许慎的六书说为基础。传统的汉字结构学说，实际上就是许慎的六书说。

二、六书说的内容

　　对六书内容的介绍，名称采用许慎的说法，至于排序，则在班固说的基础上作一个小的调整，采用梁东汉先生在《汉字的结构及其流变》的说法，将假借放在形声的前面。虽然形声字也有作假借的，但从发展规律看，应先有假借然后才有形声。

（一）象形

　　小孩子学习汉字，一般都从"看图识字"开始，我们的祖先在造字之初，大抵也是从作图入手的。今日的汉字已经经过了数千年的发展变化，自然不易看出它与图画有多少的联系，但如果追溯到商、周时代的甲骨文、金文，就不能不相信文字起源于图画这一事实了。

例如，甲骨文的"鹿"字（ ），寥寥数笔，确实已将一只鹿的形象勾勒得栩栩如生。这种依照实物的轮廓描出简单的图形的造字方法，就是人们通常所讲的象形造字法。

"象形者，画成其物，随体诘诎，日、月是也。"这是许慎所下的定义。"画成其物"，就是将字形画成它所代表的物体的模样；"随体诘诎"，就是让字的笔画随着物体的形状而折屈，讲的都是描绘实物形状的意思。甲骨文的"日"字写作"⊙"，圆圆的外廓，正是太阳的形状（甲骨文因书写工具和材料的关系，大多画得不圆），中间的黑点，大概就是强光之所自出了。甲骨文的"月"字写作"☽"，月亮缺多于圆，以一弯新月来表现它的特征自然也是最为合适的。由此可见，象形造字是最直观、最简单易行的。

当然，文字书写的目的首先在于记录语言，它不需要，也不允许像作画那样精描细绘，而是要在极小的范围内，用最简练的线条将事物的特征表现出来。因此，如何准确地捕捉住各种事物的最具特征的部分，就是至关重要的了。试看下面几组文字。

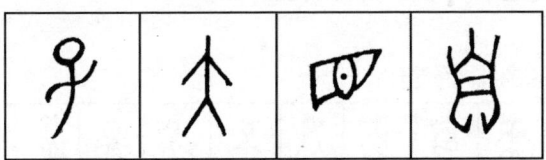

第一个字是甲骨文的"子"字，大大的头，上下摆动不定的小手，裹在襁褓中的下肢，是一个十足的婴孩形象。

第二个字是甲骨文的"大"字，张腿伸臂，安立不动，自然是成熟的大人的形象。

第三个字是甲骨文的"目"字，虽仅数画，但眼眶、眼珠子和瞳孔均已明白如画。

第四个字是甲骨文的"自"字,本义是鼻,居中一道鼻梁,下边两个鼻孔,再加上鼻孔两旁鼓起的鼻翼,这样一勾勒,鼻子的形象便十分逼真了。

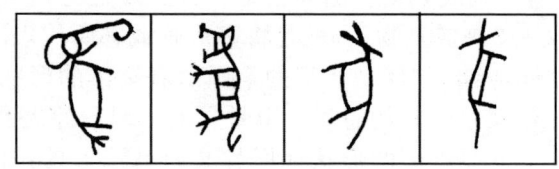

第一个字是甲骨文的"象"字,长长的鼻子,粗壮的身躯,小刷子般的尾巴,一看就知道是头大象。

第二个字是甲骨文的"虎"字,大口、卷尾,张牙舞爪,好一幅凶恶相,老虎特征就这样反映出来了。

第三个字是甲骨文的"豕"字,肥短的身躯,下垂的尾巴,正是猪的典型特征。

第四个字是甲骨文的"犬"字,瘦长的躯体,上卷的尾巴,写出了狗的明显特点。

常见的象形字还有:

交	美	爪	首	鸟	燕	隹	鱼	龟	麋
土	行	户	门	戉	戈	戍	戌	斤	幸
弓	禽	工	壶	壹	爵	亩	豆	泉	角

第四章 汉字的结构 ·51·

这里想提出来讨论的是下面这些被称作纯符号指事的字①。

一	二	三	亖
一	二	三	四
∣	∪	∪∣	∪∪
十	廿	卅	卌
□	○	ᗡ	ჽ
方	圆	回	丩
八	Y	凵	凸
小	丫	凹	凸

我们认为"一、二、三、四",都是横放算筹表个位数的算筹形象,"十、廿、卅、卌"则是以竖放的算筹代表十位数的算筹形象的写照,应属象形字;"方、圆、回、丩、小、丫、凹、凸"等,实际上是抽象的象形字,造字时,人类思维已有抽象水平,这些抽象概念是可以用手势之类表达了,理解为手势之类的象形字也是合适的。

---

① 这类字,杨五铭称作"纯符号指事字",见杨玉铭. 文字学 [M]. 长沙: 湖南人民出版社,1986:63-64. 裘锡圭称作"抽象字",见裘锡圭. 文字学概要 [M]. 北京:商务印书馆,1988:110.

象形字可以简单记录语言，比之只能笼统表意的图画来说，自然是一个很大的进步。但是，它毕竟是刚从图画脱胎出来的，只能反映人类思维最初阶段水平的、最为原始的造字方法，不可避免地会有它的缺陷和局限性。其一，象形字一般是对具体事物的描写，所以多半是名词，远远不能满足记录语言的需要；其二，一些物体的局部不易用象形表现，如要画刀口，不画刀背是很难显出刀口来的；其三，一些抽象的意思无形可象，看不见的东西也无法描绘，如果要用象形法把"南方"的"南"和"风雨"的"风"画出来，那是怎么也办不到的；其四，靠略描轮廓，形近事物易生混淆，例如，"狗"与"狼"、"马"与"驴"、"虎"与"猫"等，仅凭象形法去区别它们，是极其困难的；其五，只有语法意义而没有词汇意义的虚词更加无法象形。因此，探求新的表现方式，用别的造字方法去补救象形造字法的穷困是势在必行的。

应该指出的是，尽管随着新的造字法的产生，象形法造字已经降到越来越次要的地位了，但是，一切指事字、会意字、形声字都是以象形字为基础构件组成的，象形字可以说是整个汉字体系的基础，要掌握汉字的结构，首先都得从掌握象形字做起。正如赵诚所讲的"象形字是全部汉字的基础。因为每个字不论它有几个部分，或二合，或三合，或四合，五合，而每个部分溯其原始，都必然是一个象形"①。

另外，尽管经过几千年的发展变化，所有的象形字都已经变得不太象形了，但是，如果我们能够了解它们的来历，使用起来就可以少出错误。因此，对象形字的学习和研究是很有必要的。

---

① 赵诚. 甲骨文字的二重性及其构形关系 [M] //古代文字音韵论文集. 北京：中华书局，1991.

（二）指事

我们的祖先在用象形法造字遇到窒碍时，最容易想到的，就是在象形字的基础上用符号作提示的办法。例如，要表现"寸口"这个概念，离开手这一整体是很难画出它的形象来的，先得将一只手画出（彐），然后再加上提示标记表明寸口之所在（彐），这就是"寸"字。人们通常所说的指事造字法，指的就是这样一种标识提示的造字方法。

"指事者，视而可识，察而见意，上下是也。"这是许慎在《说文解字·叙》中给指事造字法所下的定义。指事字以象形为基础，通常都有一部分构件是象形字，所以，看到字形一般都有一种似曾相识的感觉，这就是所谓的"视而可识"；但指事字的含义，不是直接由事物的形象表现的，它要通过特定符号去提示给人们。由于这些特定符号往往都是一些不成字的抽象标记，一般都要经过细心观察才能理解它的确切含义，这就是所谓的"察而见意"。以一横为标准线，加一点在上面，表明是"上"的意思；加一点在下面，表明是"下"的意思，这就是"指事"。试看下面几组字。

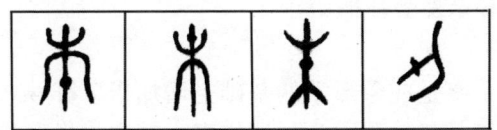

第一个字是金文的"本"字，在"木"字的下面加点作标记，指示树根之所在。

第二个字是金文的"末"字，在"木"字的顶端加点作标记，指示树梢之所在。

第三个字是金文的"朱"字，"株"的本字。《说文解字》："株，木根也。"系传："入土曰根，在土上曰株。"所以，在"木"字的主干上加点以示标记。

第四个字是小篆的"刃"字，在"刀"口上加上一点作标记，提示刀口之所在。

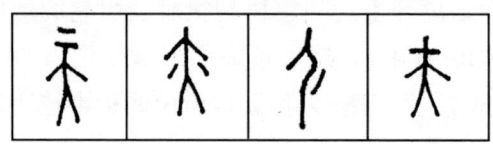

第一个字是甲骨文的"天"字，本义是指人的头颠顶。在表人形的"大"字顶上加上符号"二"，所标示的不正是"天灵盖"吗？

第二个字是甲骨文的"亦"字，即"腋"的初文。在表人形的"大"字的腋下加上两点，所指的自然是"夹肢窝"了。

第三个字是甲骨文的"臀"字，在"人"字的屁股位置上加上一个短弧线，那不正是臀部之所在吗？

第四个字是甲骨文的"夫"字，为成年男子的通称。古代小孩披发，成人束发戴簪，所以，在"大"字上加点标示发型特征。

以上几个字是在象形字的基础上增加指事符号来表示新造字的含义，人们一般都称之为加体指事。其实，指事就是要加标记的，这是常规，是正例。

此外，下面两类情形，我们认为也应该归入"指事"之列。

一类是在象形字的基础上，减去某些部件以揭示字义之所指的。例如：

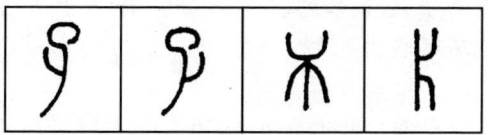

第一个字是小篆的"孑"字,以"子"字缺其右臂,来提示"无右臂也"、"单也"的意义。

第二个字是小篆的"孓"字,以"子"字缺其左臂,来提示"无左臂也"、"短也"的意义。

第三个字是"蘖"字的古文,以"木"字去其头,来提示"伐木余也"的意义。

第四个字是小篆的"片"字,以"木"字缺去左半,来提示劈木成片的意义。

以上几个字是在象形字的基础上通过减少笔画来提示新造字的词义,我们可以称之为减体指事。这样的指事字为数不算太多。

一类是在象形字的基础上,改变一下方向位置从而揭示字义的。例如:

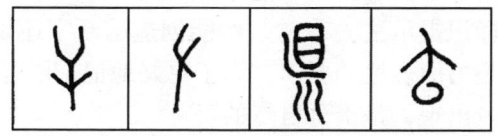

第一个字是甲骨文的"屰"字,以正立的人形(大)倒置,来提示"不顺"之意。

第二个字是甲骨文的"左"字,以改变又(右手象形)方向示意。

第三个字是小篆的"県"字,是一种断首倒悬的酷刑,将"首"字倒置,来提示"倒首"之意。

第四个字是小篆的"云"字,将"子"字倒置,来表示"不顺忽出也"。

以上几个字是通过改变象形字的方向来提示新造字的词义,我们可以称之为变向指事。这样的指事字数量也极为少见,见于《说文解字》的除上述几字外,还有"𠂢"(从反"永",即"派"的初文)、"𠤎"(从倒"人","变化"的"化"字的初文)、"𠃌"(从反"𠃊",表钩识义)等。但《说文解字》中许多对反向指事字的分析不一定可靠,例如,反"正"为"乏"、反"人"为"匕"、反"予"为"幻"之类。后世最典型的是"叵"字,"叵"是"不可"的合音字,所以,将"可"字反写。

此外,于省吾所讲的"附画因声指事字",即"在某个独体字上附加一种极简单的点画作为标志,赋予它以新的含义,但仍因原来的独体字以为音符,而其音读又略有转变"① 的情形,也可归入指事的附类。

显然,指事字对解救象形造字法的穷困是起了一定作用的,但仅仅依靠标识提示法去表意,所能创造的新字还是十分有限,远远不能满足书面表达的要求,为了更好地记录语言,要求有更好的造字手段出现,是十分自然的。

(三)会意

随着社会的发展,人类的思维越来越发达,思想越来越丰富,单靠描摹事物与标识提示,确实难以满足记录语言、表达思想的需要。经过不断摸索之后,人们又想出了用几个图形联合表达一个意思的办法,例如,要表达"安宁"的"宁",就画一间

---

① 于省吾. 甲骨文字释林 [M]. 北京:中华书局,1979:446.

屋（⌒），里面再画一只碗（🏺），再将一颗心（♡）放在屋子和饭碗之间（🏠），人们便能理解到"有吃有住心安宁"① 的意思，"𡨄"就是今天的"寧"（本义是安宁，又作宁愿，简化字作"宁"，跟《说文解字》训"辨积物也"的"宁"〈zhù〉同形）。这种联合几个意义相关的字共同表达一个意思而构成新字的造字方法，就是人们通常所讲的会意造字法。

　　许慎在《说文解字·叙》中给会意造字法所下的定义是"会意者，比类合谊，以见指撝，武信是也。"意思是把几个相关的字排比在一起，由它们的联合形式而呈现出新字所指的含义。例如，"戈"（𠆢）是武器，在它下面加一个表示有行动意向的"止"（𣥂），构成"武"（𢧢）字，就有征伐用武的意思。《说文解字》引用《左传·宣公十二年》："夫武，定功戢兵。故止戈为武"来解释"武"字，所谓"止戈为武"，是说制止战争才是真正的"武"。显然，这只能代表春秋时代的思想，用这种思想去解释"武"字，当然不可能是字的本义。《说文解字》："信，诚也。从人，从言，会意。""人言为信"，是说人讲的话应该有信用。但现代学者大多认为是"从言，人声"的形声字，因为金文的"信"字或从"千"，或从"身"，而"人"、"千"、"身"三字古音相近。

　　从甲骨文、金文的实际情形看，早期的会意字，一般以图画式组合（有学者称之为"比形会意"）为多。例如：

---

① 鲁迅：《门外文谈》。

第一个字是甲骨文的"从"字,由一前一后的两个"人"字组成,正是两人前后相随的形象。

第二个字是甲骨文的"北"字,即"背"的初文,由两个"人"背靠背会合其意。"北"用作方位名词,是因北方是背阴的一面,而由"背"派生出来的。后来因为这个意义太常用了,才在"北"字的基础上加注"肉"旁为其本义造了形声字"背"。

第三个字是甲骨文的"及"字,一个人在前面跑,一只手(又)从后面抓过来,正好表达赶上的意义。

第四个字是甲骨文的"斗"字,像两人相斗。会意。

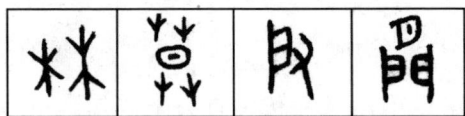

第一个字是甲骨文的"林"字,以并排的两个"木"字表示树木丛生,作丛林的会意。

第二个字是甲骨文的"莫"字,即"暮"的初文,以太阳落入草丛或树丛中表示傍晚时分的意义。

第三个字是甲骨文的"启"字,左边是一扇门(户),右边是一只手(又),示以手开门之意。

第四个字是金文的"间"字,以月光从门的间隙透进来作门缝的会意。

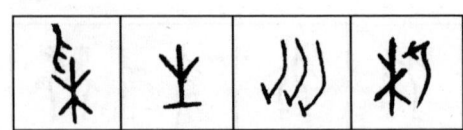

第一个字是甲骨文的"采"字,以手("手"在上者,隶变后一般作"爪";在旁、在下者,一般作

"又")在木上,取以手在树上采摘树叶或果实之意。

第二个字是甲骨文的"生"字,上面是一棵草(屮),下面的一横表示地面,以草长出地面会意。

第三个字是甲骨文的"协"字,由三个力组成,力是一种下部分叉的掘土工具,即一般所讲的耒,三把耒放在一起,正好会合力并耕之意。

第四个字是甲骨文的"析"字,左边是木,右边是古代常用的斫木工具——斤,以斧斤斫木,正好会《说文解字》"破木也"之意。

第一个字是甲骨文的"臽"字,今作"陷",以一个人掉到陷坑里去会出陷落之意。

第二个字是甲骨文的"丞"字,即"拯"的初文,以两手在上面将陷坑里的人救上来会意。

第三个字是金文的"寇"字,字的外廓代表屋子,屋子里面,左边是"元"字,即一个人而特大其首,右边是以手持杖的"攴"。整个字形以进入屋内持杖击人脑袋会贼寇之意。

第四个字是甲骨文的"叟"字,即"搜"的初文,在屋内手(又)举火把,以显示搜寻之意。

真正靠偏旁所具含义的联合来表意的会意字(或称之为比意会意),虽然早期文字也有(如"明"、"雀"等),但更多的还是比较后才出现的。其中如头似火烧为烦,上衣有毛的一面为表（󰀀），黍的甘美为香（󰀀），少力为劣等，尚见于《说文解字》，像小土为"尘"，上小下大为"尖"，不正为"歪"，不好为"孬"，不上不下为"卡"，入米为"籴"，出米为"粜"，山石为"岩"，等等，就都是《说文解字》以后才出现了的。

会意的造字能力当然比象形、指事强得多，不少象形、指事无法解决的问题，到此都可以迎刃而解。但由于它仍仅从形体着眼，未能借助语言的声音去区别事物，也就不可避免的有其局限性，象形造字法解决不了的问题，如形近事物易于混淆，只有语法意义而无词汇意义的虚词难以表达等，它也同样无能为力；再说，世界上的事物层出不穷，每事每物都要为它造一个形体，汉字就会变得不胜其烦了，不求助于形体以外的声音，是很难解决这个问题的。

（四）假借

人们写文章或做笔记，假如遇到"口语上有这个词，笔下没有这个字"时，一般都会暂时用同音字去顶替以串通句子，我们的祖先在求助于声音去解救文字的穷困时，大抵都是从这里开始的。

许慎在《说文解字·叙》里给假借所下的定义是"本无其字，依声托事"，意思是说口语中某个词，书面上尚未有代表它的字，就借用一个同音的字，通过声音去寄托它的意思。例如，第一人称代词"我"，甲骨文写作"󰀀"，从字形上可以看出，它是一种有齿兵器的象形，与第一人称代词"我"在意义上没有丝毫的联系；由于代词"我"很难用象形、指事、会意等方法造字，而这种兵器的读音又跟代词"我"的读音相同，带齿兵器的"我"就借用来表达代词"我"了，这就是假借。

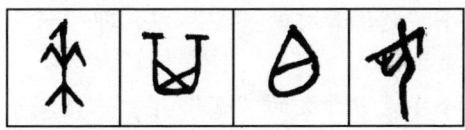

第一个字是甲骨文的"来"字,本是小麦的象形,假借为"来去"之"来"。

第二个字是甲骨文的"其"字,本是簸箕的象形,假借来记录代词或语气词。

第三个字是甲骨文的"白"字,本是大拇指的象形,即"伯仲"之"伯"的初文,假借为"白色"之"白"。

第四个字是甲骨文的"何"字,以人荷担会意,即"负荷"之"荷"的本字,借为"如何"之"何"。

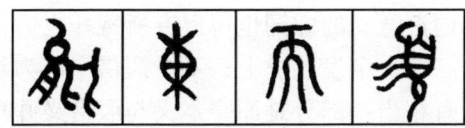

第一个字是金文的"能"字,本是熊的象形,假借为"贤能"之"能"。

第二个字是金文的"东"字,本是"橐櫜"之"橐"的象形,假借来记录方位名词。

第三个字是金文的"而"字,本指面颊的毛发,假借来记录连词。

第四个字是金文的"须"字,本指面上的毛发,假借为"必须"之"须"。

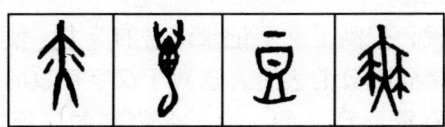

第一个字是甲骨文的"亦"字,即"腋"的初文,假借来记录副词。

第二个字是甲骨文的"萬"字,本是蝎子的象形,假借为"千万"之"万"。

第三个字是甲骨文的"豆"字,本为盛食器的象形,后假借为"瓜豆"之"豆"。

第四个字是甲骨文的"無"字,像一个人手持牛尾之类的东西跳舞,即"舞"的初文,后假借为"有无"之"无"。

假借最初本来是偶然的"顶替",甚至是从写"别字"开始的,不过人们逐渐发现用这种方法可以少造很多字,而且只有语法意义而没有词汇意义的虚词也可以有所寄托之后,假借字便大量使用开来了。在文字发展史上,不少假借字都为新造的形声字所代替,但也有相当一部分是原字本义与假借义并存的,一些难以用其他手段表达、出现频率又比较高的假借字,还往往被固定下来,并且以假借义挤掉了本义,字的本义反而逐渐被淹没,或另造新字去表示了。

假借字是借用旧有的同音字去记录新词的,它并不产生新字,因此,有人说它是用字法而不是造字法。但是,假借往往是新的形声字产生的催化剂,而且由于它的出现,使新的词有了一个记录的符号,"口语中有这个词,笔下没有这个字"的问题能够得到解决,所以,前人说它是"以不造字为造字"(汪荣宝《转注说》),也是有一定道理的。

假借的出现,提高了文字记录语言的能力,使文字的构成由单纯的表意发展到部分的表音,这对于汉字字数的精简和形声字的出现,都是有重要意义的。由于假借字的广泛应用,造成了

"一形多义"和"一义多形"的现象,给人们认字带来了困难,许多新的形声字就是在解决这一矛盾的过程中产生的。当然,形声并不能完全代替假借的作用,在形声字出现以后,假借仍然继续发生,例如,"难易"之"难",本为鸟名,是一个形声字,借来记录"难易"之"难",就是一个很好的例子。但从整体上说,假借的产生应在形声之前,而假借的缺陷又促使了形声的产生。

(五) 形声

许慎给形声下的定义是"以事为名,取譬相成",意思就是根据事类造字,再选取一个同音字来譬喻读音以配合成字。所以,形声字都由两个现成符号组合而成,其中一个表示新造字的意义或类属,即一般所谓的意符或形旁;另一个表明它的读音,即一般所谓的声符或声旁。"江"与"河"都是水名("江"本指长江,"河"本指黄河),所以用"水"作形旁;"江"音如"工",便以"工"字相配,"河"音如"可",便以"可"字配成。

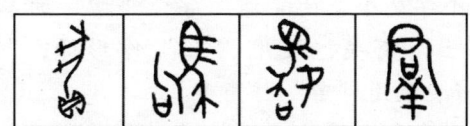

第一个字是甲骨文的"狼"字,狼、狈、狐一类野兽都与犬极其相似,人们便以"犬"作为义符表明它们的类属,再配上与它们各自的名称音同或音近的"良"、"贝"、"瓜"作为声符,就很易解决了。

第二个字是金文的"驹"字,少壮之马,靠简单的文字线条也是不易表达的,以"马"为意符表其类属,再配上"句"作声符表读音就解决了。

第三个字是金文的"骆"字,黑鬣的白马,也不易用简单的文字线条表达,取"马"作意符表其类属,再取"各"作声符表明其名称读音如"各"就解决了。

第四个字是金文的"群"字,羊性好群,以"羊"为义符,再配上"君"作注音,就不用那么麻烦去画一大群的羊了。

第一个字是小篆的"勤"字,"勤"的本义是辛劳,跟"力"有关,故用"力"作形旁;"勤"跟"堇"同音,故用"堇"作声旁。

第二个字是小篆的"觐"字,"觐"的本义是指古代诸侯秋天朝见天子,跟"见"有关,故用"见"作形旁;"觐"跟"堇"同音,故用"堇"作声旁。

第三个字是小篆的"增"字,"增"的本义是增加,跟"土"有关,故用"土"作形旁;"增"跟"曾"同音,故用"曾"作声旁。

第四个字是小篆的"赠"字,"赠"的本义是赠送,跟"贝"有关,故用"贝"作形旁;"赠"跟"曾"同音,故用"曾"作声旁。

值得一提的是,"勤"和"觐"在西周金文中都只借"堇"来表示,而"增"和"赠"在西周金文中也都只借"曾"来表示,加"力"或"见"、"土"或"贝",都是战国以后的事情。我们举这几个例字,主要是想说明一下假借与形声之间的关系而已。

任何事物都可以根据它的特性归入一定的门类,要找到代表它们的类属的义符并不难;任何事物也都有一个约定俗成的叫法,要找到与它音同或音近的字作声符也是容易做到的。这样的一种造字法，不但可产性强，而且有义符可以帮助人们认识字义，有声符可以帮助人们了解字音，确有很大的优越性。所以，形声造字法出现以后，不仅新造的字大部分是形声字，而且旧有的一些象形字、指事字、会意字，也出现了改变为形声字的趋向。例如，"❋"和"❋"都是甲骨文的"鸡"字，前者为实物的描绘，是形象复杂的象形字；后者则以代表鸟类的符号"隹"为形符，再取"奚"作声符配合而成，是形声字，为后世所沿用。

由于形声字的优越性所造成的上面这种趋势，便使形声字在汉字总量中的比例，由甲骨文时代的28%左右增加到今日的90%以上，充分反映了汉字发展的标音趋势，显示出标音文字的强大生命力。形声字不但由于抽象出事物的类属的意符而使得汉字有了分类的规律，而且因为音符的使用使汉字冲破了"画成其物"的限制，开始朝着标音的方向，从形意阶段进入了更高一级的意音阶段，可以说得上是文字发展史上的一次重要飞跃。

关于形声字还有三个问题需要略加说明，一个是亦声的问题，一个是省声的问题，还有一个是声符表意即所谓"右文说"的问题。

亦声是指一个会意字取了其中一个表意偏旁的读音作为整个字的读音，即这个偏旁除了表意之外，还兼有标音作用的现象。例如，"娶妻"之"娶"，以取女会意，"取"也同时标示整个字的音读如"取"，这个字的结构便是"从取，从女，取亦声"；"驷马"之"驷"，以四马会意，"四"也同时标示整个字的音读如"四"，这个字的结构便是"从四马，四亦声"。这些形声字往往是为某个字的引申义所造的分化字，如"娶"是从"取"引申分化出来的，古书中多以"取"为"娶"。

省声是指形声字的声旁有所省略的现象。例如，"珊瑚"之

"珊",《说文解字》分析为"从玉,删省声",就是说,"珊"是一个形声字,本来是"从玉,删声"的,因为"删"所占空间太大,字形看起来不匀称,所以,省去"删"字的"刀"旁,但字仍以"删"为声;又如,"瘟疫"之"疫",《说文解字》分析为"从疒,役省声",就是说,"疫"是一个形声字,本来是"从疒,役声"的,因为"役"所占空间太大,字形看起来不匀称,所以省去"役"字的"彳"旁,但字仍以"役"为声。

　　至于"右文说",是认为形声字的声旁都有表意作用的一种学说,由于形声字的声旁大多在右边,所以称作右文说。沈括的《梦溪笔谈》(卷一四):"王圣美治字学,演其义为右文。古之字书皆从左文。凡字类在左,其义在右。如木之类其左皆从木。所谓右文者,如戋,小也,水之小者曰浅,金之小者曰钱,歹而小者曰残,贝之小者曰贱。如此之类,皆以戋为义也。"清代和近代都有不少学者研究过"右文"现象并取得可观的成果,为现代语源学的研究奠定了基础。据沈兼士的《右文说在训诂学上之沿革及其推阐》一文所作的统计,《说文解字》段注"以声为义"者凡68条,所涉声符55个。其实这是对50多个同源词组的考释,是当时研究右文成果最突出的学者。

　　对声旁的表意作用,我们要细加分析,不能笼统下断语,如会意兼声的字,声旁是肯定有表意作用的;本字借作他用,久借不归,只好再加一义符以明确本义造出一个新的形声字来表本义,其标声部分原来就是它的本字,声旁也是肯定有表意作用的。但是,一般的形声字在选用声旁时,主要是考虑它的读音,而不考虑它的意义的,一般没有表义作用,不少异体字都表现为音近声旁的变换,就是其声旁只表音不表义的很好说明。有人解释"蚂蚁"的"蚁"字之所以从"义",是因为蚂蚁有君臣之义,但"蚁"字还有一个从"岂"的异体,那不是岂有此理吗?为什么一些有共同声符的字会是有同一语源义的同源字呢?这是由于同一语源发展出来的同源词有着相同的读音，因此不约而同取了同一个声符，但并非取声符时考虑它的意义，这是我们需要明确的。

（六）转注

同一事物，在不同的时期、不同的地域，往往会各异其名，例如，对父亲的称呼，上古称父，中古称爷，当今或称爹，或称爸。这是汉语由于古今南北语言差别而滋生出来的同义词，而转注正是为记录这类同义词而派生出同义字的一种方法，即由一个已造的字，通过加注不同音符的办法，派生出另一个（组）义同形近的新字。

许慎给转注所下的定义是"建类一首，同意相受"，这个义例历来争论最多，有形转、义转和音转等不同说法。其实，所谓"建类一首"，是指已造字与孳乳字具有同一个部首，如"父"、"爷"、"爹"、"爸"都有共同的部首"父"；"同意相受"是指一组转注字的意义完全相同，彼此可以互相注释，"爸"就是"爹"，"爹"就是"爸"。以上几个字与许慎所举例字"考、老"二字性质相同，应该是一组转注字。《说文解字》里类似的例子有很多，例如：

$$\begin{cases}鲤，鱣也\\鱣，鲤也\end{cases} \qquad \begin{cases}柱，楹也\\楹，柱也\end{cases}$$

$$\begin{cases}猗，狂犬也\\狂，猗犬也\end{cases}$$

$$\begin{cases}更，改也\\改，更也\end{cases} \qquad \begin{cases}顶，颠也\\颠，顶也\end{cases}$$

$$\begin{cases}空，窍也\\窍，空也\end{cases} \qquad \begin{cases}茅，菅也\\菅，茅也\end{cases}$$

$\left\{\begin{array}{l}\text{咺,朝鲜谓儿泣不止}\\ \text{唴,宋齐谓儿泣不止}\\ \text{咣,秦晋谓儿泣不止}\\ \text{咷,楚谓儿泣不止}\end{array}\right.$

之所以要强调同一部首,是规定可以互训的必须是造字的本义,而不是引申义或假借义之间发生交叉的互训。前面讲到有关的转注义例历来争论最多,有形转、义转和音转等不同说法。其中的义转说或称主义派,就是以互训、同训为转注。他们将"建类一首"的"类"理解为同义词的义类,"首"理解为同一义类之为首代表字,戴震、段玉裁、桂馥、王筠等都持类似观点。他们认为,凡同义字,或互训,或同训,皆为转注。《说文解字·叙》段注就将"初、哉、首、基、肇、祖、元、胎、落、权舆,始也"视为转注,这些字的本义并不相同,只是引申义或假借义有交叉。那是词义问题,不是文字问题,他们显然是将文字问题转换为训诂问题了。

音转说以同源词为转注,章太炎、黄侃持此说。大意是二字同义,而且音同或音近,由同一语根所分化,就叫转注。他们把"建类一首"的"类"理解为"声类","首"理解为"声首",为语根,显然与《说文解字》以形为纲的基本精神不相符合。

形转说以同部为转注,徐锴、江声均持此说。他们认为,《说文解字》的540部,其分部即建类,"首"即部首,"凡某之属皆从某"即"同意相受"。把有关说成"相受",当然欠妥;若依此说,则《说文解字》的9 353字无一不是转注,也显然不合事实。

转注作为解决同一事物而异时、异地、异名的矛盾产生的造字法,必然是社会交往十分发达的时候才有可能产生,从大多数转注字都是形声字的情形看,它的出现在较晚的时期,即在形声之后，应该是比较合理的。

如果撇开许慎所下定义，倒有一种造字方式与假借相类而有借音与用义之别，与"转注"的名目似颇相符。例如：

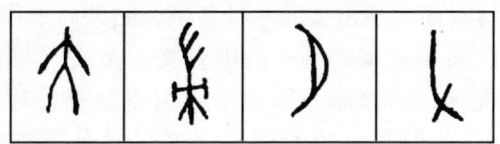

第一个字是甲骨文的"大"字，像正立人形，张腿伸臂，安立不动，是一个成熟的大人的形象，一般用以表达与"小"相对的形容词。

第二个字是甲骨文的"帚"字，画的是扫帚，卜辞却多用指"已婚女子"（这个意义后来写作"妇"）。

第三个字是甲骨文的"夕"字，画的是月亮，本义指的是晚上。

第四个字是甲骨文的"力"字，为耒之象形文，用的却是"力气"的意思。

四个都是具体实物的象形，但表达的都是比较抽象的名称或意义。"大"字是以大人的形象表达抽象的、一般的大；"帚"是以执帚洒扫这一已婚女子的日常职责来表达"妇女"这一抽象名词；"夕"是因月亮晚上才出来而用一弯新月的形象表达晚上的意义；"力"是使用耒为有力的男人之所为而表达"力气"的意思，或用作男子的表征。这一类字倒有义相转注的意思，只是未能与"建类一首，同意相受"定义相合，只能略加浅述，附记于"转注"之后。

三、六书说的批判与改良

由战国秦汉学者演绎出来、由许慎加以阐明的六书理论，说明了汉字构造的规律及其运用原则,使文字学成为一门有系统的学科,其意义是十分重大的。但是由于种种原因,六书说也不可避免地有其局限性。由于它只是代表战国秦汉间人基于当时所能见到的文字材料而归纳出来的六种条例,归纳尚未周密完善,他们既未看到后来才发现的更古的甲骨文、金文(虽然《说文解字·叙》中提到,"郡国亦往往于山川得鼎彝,其铭即前代之文,皆自相似。"似乎许慎看到过金文,但由于整部《说文解字》都没有引证过一钟一鼎的铭文,所以,有人怀疑他是没有亲眼看到过金文的),也没有见到后世取代小篆和隶书而流行起来的现代汉字,所以,用六书理论来分析研究比小篆更早或更晚的汉字,都不可避免地会碰到一些没法解决的困难。再说,许慎对六书所作的义例过于简约,且欠严密,特别是他本人从未将小篆按照六书加以分类,以至后人在六书理论的具体运用上产生许多问题,一些字的归类,众说纷纭,迄无定论。为了克服六书说的缺点,后代文字学家都做过不少努力,也提出过不少修正和改良的方案,比较有影响的主要有宋代郑樵、戴侗所倡导的六书之学,清代戴震提出来的"四体二用说"和近人唐兰等提出的"三书说"。

郑樵是第一个撇开《说文解字》系统、专用六书来研究和归纳汉字的文字学家,唐兰推许这是文字学上的一个大进步。戴侗的《六书故》是以六书的体例编著的字典,纲领比较清楚,系统也比较严密,而且用金文为证,用新意来解说文字,唐兰认为他"对于文字的见解,是许慎以后,惟一的值得在文字学史上推举的"[1]。郑樵、戴侗的倡导,形成了对六书条例研究的高潮,元、明两代著述尤多,对用六书分析研究汉字是一个很好的推动。

---

[1] 唐兰. 中国文字学 [M]. 上海:开明书店,1949.

"四体二用说"虽由清代戴震提出,但明末杨慎的"四经二纬说"实已开其端。杨慎在《六书索隐》中说,"六书以十分计之,象形居其一,象事居其二,象意居其三,象声居其四。假借,借此四者也;转注,注此四者也。四象以为经,转注、假借以为纬。四象之书有限,假借、转注无穷也。"杨慎将汉字的总数定为十分,并分别划定象形、象事、象意、象声(形声)各自的比数,不一定符合"四书"在汉字中的实际比例;但他将前四书与后二书分开,称之为"经"与"纬",实即"四体二用说"之所本。

戴震是著名的语言文字学家,他对六书有专门的研究,著有《六书论》(已佚)。他在《答江慎修先生论小学书》中说,"大致造字之始,无所冯依,宇宙间事与形两大端而已。指其事之实曰指事,一、二、上、下是也;象其形之大体曰象形,日、月、水、火是也。文字既立,则声寄于字,而字有可调之声;意寄于字,而字有可通之意,是又文字之两大端也。因而博衍之,取乎声谐,曰谐声;声不谐而会合其意,曰会意。四者,书之体止于此矣。由是之于用,数字共一用者,如初、哉、首、基之皆为始,卬、吾、台、予之皆为我,其义转相为注,曰转注。一字具数用者,依于义以引申,依于声而旁寄,假此以施于彼,曰假借,所以用文字者,斯其两大端也。六者之次第出于自然,立法归于易简。"段玉裁《说文解字注》:"戴先生曰:'指事、象形、形声、会意四者,字之体也;转注、假借二者,字之用也。'圣人复起,不易斯言矣。"王筠、朱骏声等也无条件采纳,而且推崇备至。直到今天,仍为不少人所接受。

"四体二用说"将具备自身结构特点的象形、指事、会意、形声四书,同不具备自身特点的转注、假借加以区分,对于汉字结构的研究,确有一定的积极作用。但戴震称象形、指事、会意、形声为造字之法而转注、假借为用字之法,则未免失之偏颇。虽然假借字都是借用别的同音字去记录新词,并不产生新字,但是,由于它的出现而使新的词有了一个书写符号,"口语中有这个词,笔下没有记录这个词的字"这个问题得以解决,就是为新词造了字了。如果说假借字被新造形声字所代替的情形还只说明假借是新形声字产生的催化剂,而原字的本义与假借义并存的情形亦未能将问题讲清楚的话,那么,假借义被固定下来,以假借义挤走了本义并独占了这个字的形体的情形,实际上已经给口语里的一个词赋予了一个独立的形体,就无论如何也不能说它仅仅是用字而不是造字了,例如,"你我"的"我"字,再不表示带齿的兵器而只代表第一人称代词了,还能说它是象形吗?显然不能,只能是假借了。当"莫"字不再表示傍晚时分的意思而只作否定性无定代词出现时,再说它是会意就不合适了。因此,说转注是派生同义字的造字法,假借是记录特殊同音词的造字法,不是没有道理的。

"三书说"是唐兰1935年在《古文字学导论》中首先提出来的。唐兰写《古文字学导论》的目的之一,是想利用古文字学的研究成果来改造传统文字学,使文字学注入新的理论和新的材料而建立在扎扎实实的科学基础上。唐兰批评六书说,提出三书说,主要是针对象形与指事、指事与会意、象形与会意几个界线交叉、含混,对汉字进行六书分析时,往往出现模糊不清、若此若彼、可此可彼的含混现象提出来的,他把有实物之形可见的归为一类,称象形;把要经过思考才能理解的归为一类,称象意;象形、象意与形声并称"三书"。他认为,"(三书)足以范围一切中国文字。不归于形,必归于意,不归于意,必归于声。"[1]

其实,唐兰把造字原则与文字的形、音、义简单地联系起来,不仅在理论上讲不过去,而且在实际操作中也是难以把握

---

[1] 唐兰. 中国文字学 [M]. 上海: 开明书店, 1949: 78.

的。早期的纯表意字都是"以形表义"的,即通过描摹词所代表的事物的形状来表达词义,从字形跟所代表的词发生联系的途径看,唐兰所讲的"象形"与"象意"并没有严格的区别。因此,陈梦家在《殷墟卜辞综述·文字》① 中以为象形与象意分别的意义不大,应合而为一,仍称象形;又谓假借不应排除,将三书调整为象形、假借、形声。裘锡圭在《文字学概要》② 中认为,陈梦家一说基本合理,但象形概括力不够,进一步调整为表意(或称意符字)、假借(或称表音字、音符字)、形声(或称半表意半表音字、意符音符字)三书。

唐兰基于对新出土的古文字材料的归纳整理而提出三书说的理论,这对于破除对《说文解字》的迷信、更新文字学内容都有积极意义,而陈梦家、裘锡圭诸家对三书说的批评、改造③,确实使三书说更趋合理和完善,这是有目共睹的。不过,清人的"四体二用说"也好,近人的三书说也好,他们虽都试图从不同角度去改造六书说,但始终没有摆脱六书的模式,对"四体二用说"的批评已见前述,而三书说仅仅着眼于如何范围汉字可以避免界限不清,结果把界限不易划清的两项甚至三项合并为一项,这似乎是回避矛盾,而不是解决矛盾,分类不应越来越粗,而应越来越细,这才是正确的方向。我们应该从怎样才有利于探究古人造字的本旨,怎样才有利于通过形构分析去了解汉字形、音、义之间的关系出发,深入各"书"的细部作分析以深化六书的研究,或对形符的表意作用和声符的表音作用做深入的探讨。

---

① 陈梦家. 殷墟卜辞综述 [M]. 北京:中华书局,1988:77.
② 裘锡圭. 文字学概要 [M]. 北京:商务印书馆,1988:107.
③ 此外,还有赵诚的"形义字、音义字、形声字"三书说,见赵诚. 甲骨文字学纲要 [M]. 北京:商务印书馆,1993. 林沄的"以形表义法"、"借形记音法"、"兼及音义法"三书说,见林沄. 古文字研究简论 [M]. 长春:吉林大学出版社,1986.

第二节　汉字形符特征考察

文字是由构字符号组成的，汉字构字符号的分类方法很多，我们这里主要将它们分为形符和声符两大类。形符主要指那些跟汉字所代表的词在意义上有联系的构件，也就是指构成汉字的符号中，声符以外的所有符号，它除了形声字的形旁之外，还包括象形字、指事字、会意字的所有独立承担构字责任的部件，以及古汉字中的一些具有装饰作用的构件。声符是指跟汉字所代表的词在语音上有联系的符号，它包括形声字的声旁和假借字以及其他具有标示语音作用的构字部件。

汉字的形符与字义有着密切的联系，对它们进行系统的整理与考察，于古汉字的考释，字义的辨证，汉字形义关系的认识等方面，均有重要的意义。

一、汉字形符的分类

汉字形符的分类，可以从多种角度进行，这里主要从形体特征及表意功能着眼，分为象形性形符、示意性形符、文饰性形符、组合性形符四类。

（一）象形性形符

象形性形符是用描绘实物的形象去表达意义的一类形符。此类形符，实即六书中的象形字；虽说是刚从图画脱胎，只反映人类思维最初阶段水平之原始造字手段的产物，却是整个汉字体系的基础。指事字即由这类形符与示意性形符组合而成，会意字的偏旁和形声字的形旁大多是象形性形符，标音的声符亦多借此类形符为载体，可以说，象形性形符是构成汉字的所有符号中最基本的，也是最重要的一类。由于它们都有具体、直观的特点，所以都比较容易认识与理解，稍见争议的，是"一二三亖"及

"丨 凵 凷"一类被一些文字学书籍称为"纯符号指事字"的形符的类属问题。

考"一二三三",形义一目了然,显然与"视而可识,察而见意"的定义不符,实际上应该是算筹的象形,郭沫若以为"手指之象形",意亦近是,归入象形性形符是比较合理的。"丨凵凷"又作"丨凵凷",不少人都承认它们取象于结绳符号,却囿于所象为符号,不承认它们是象形。其实,"丨凵凷"所取象的符号,其根源虽可追溯到图画记事时代以前的结绳记事时代,但从本质上讲,它已不是结绳时代那种笼统的、不固定的记事符号,而是造字时代普遍使用的、含义单一的记数标记物,描写这一标记实物的形符,显然亦当归入象形性形符之列。

文字学界存在先有指事还是先有象形之争,先有指事论者即以"一二三三"这类"纯符号指事字"先于别的象形字为据;文字学界还有文字起源一元论(图画)与二元论(图画与记号)之争,二元论者亦以"纯符号指事字"为图画之外的另一文字起源的源头,如果我们前面的论述不误,则指事与象形孰先,文字起源是一元抑或二元的争论亦可以休矣。

(二) 示意性形符

示意性形符是以简单的点画提示字义的一类形符,这类形符本身不能独立表达什么意思,只能加在象形性形符之上起某种提示作用,或附在象形性形符上标示某种特别的意义。其示意功能大抵可以分为下列几类:

1. 提示所指部位

例如:

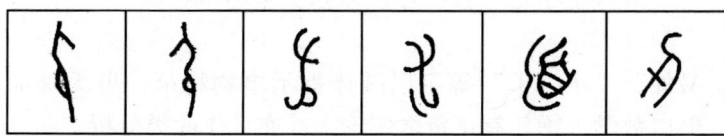

第一个字是"股"字，在人的大腿位置上加一弧圈标示。

第二个字是"膝"字，在人的膝盖位置上加一弧圈标示。

第三个字是"肱"字，在手臂位置上加一弧圈标示。

第四个字是"肘"字，在手肘位置上加短笔标示。

第五个字是"面"字，在"首"字前面用曲线标示。

第六个字是"刃"字，在刀口上加点标示。

2. 提示事物特征

例如：

第一个字是"母"字，以两乳标示成熟女性的特征。

第二个字亦是"母"字，用发型标示其特征。

第三个字是"矢"字，以表正立人形的"大"字的头部偏侧标示特征。

第四个字是"丑"（本义指手爪）字，用爪甲标示特征。

第五个字是"羖"字，以牡器标示特征。

第六个字是"豮"字，以豕去势标示特征。

又如，"孑、孓"等字以减体提示事物特征，虽无外加形符，但以数学上增长有正负之例论之，亦可作此类分析。

3. 标示区别

例如：

甲骨文的"燎"字加点以别于"木"；金文的"火"字加点以别于"山"，"壬"字加点以别于"工"；楚简的"玉"字加点以别于"王"，"叀（弁）"字两侧加短笔以别于"叀（史）"，是标示形近字的区别的。

燎	火	壬	玉	弁
木	山	工	王	史

另有一类是借用同音或音近的字，加标记以示区别而成新字（即于省吾所讲的"附画因声指事字"）的情形。例如：加曲笔于"白"而成"百"，加点于"又"而成"尤"，加小钩于"高"而成"乔"，加两对称短画于"羊"而成"祥"，加点于"身"而成"信"。

百	尤	乔	祥	信
白	又	高	羊	身

此外，"小"加平"丿"作"少"，"大"加"丶"作"太"，"母"连点作"毋"等都属此类。

4. 表示某种象征意义

例如：

"芈"、"牟"的曲笔分别表示羊、牛出气发声，"曰"的短横表示人的口出气发声，"彭"字的三撇表示打鼓发出的声响，"雷"字的小圈表示电闪雷鸣的声响，都属于象征性的形符。

此外，例如："汉（漢）"、"难（難）"、"仅（僅）"、"欢（歡）"、"观（觀）"、"权（權）"、"鸡（鷄）"、"树（樹）"、"轰（轟）"、"聂（聶）"的"又"代表省体等，也都属于这一类。

（三）文饰性形符

文饰性形符是没有表意功能、只起文饰作用的一类形符。例如：

"保"之左小点与"若"之"="是求平衡，"相"的"="是为填空白，"身、祀"的"e"，"考"、"进"的点纯粹为装饰美观等是。

（四）组合性形符

组合性形符是由象形性形符与示意性形符，或由象形性形符与象形性形符组合为一个新的整体充当构字成分的一类形符。形声字的形旁里面，有相当一部分是组合性的，如"攴、殳、艮、见、走、食、韦、黑"等，有关组合的特征，下面还会谈到，这里就从略了。

二、汉字形符的形体特征

汉字经过几千年的发展，形体上发生了很大的变化。今人要认识先秦文字，不经过专门的训练是绝对做不到的。但只要经过一定训练，要认识先秦文字又不是很难的事情。这是因为几千年的发展中，尽管不同的时代，文字会有不同的形体特征，汉字的基本形符大致还是一脉相承，有迹可循，不同时代的汉字都有一些共同的特征。在分析不同时代的形符特征的基础上，归纳它们共有的特征，对于把握整个汉字形符系统有着十分重要的意义。就现有材料分析，大抵可归纳为以下几个方面。

（一）表示同一意义的形符的多体性

形符多体，有造字出由众手造成的，有用字出由众手造成的，而且多体发展到一定阶段就会进行一次整顿，整顿之后又会出现新的多体。因此，这种多体现象在不同时期有不同的表现，我们这里主要以甲骨文为例去分析多体的成因，其他阶段的有关表现拟留待第六章分析。

文字的创制，出由众手，不同的人，其观察事物的角度会有不同，描写事物的详略会有差异，表示同一意义的形符会有不同的变体，这是十分自然的。甲骨文虽非文字初制时代的产物，却是我们所能见到的最早的成体系文字，要分析早期文字形符多体现象的成因，亦只有以甲骨文为据了。这些成因的具体表现为：

1. 观察角度与侧重点不同造成多体

同一事物，如果观察角度不同，所得的印象就会有差异，记录这一印象的形符就会有区别。例如：

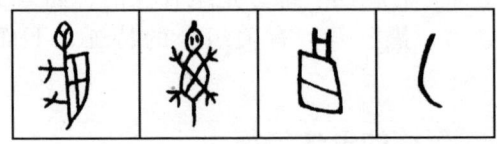

第一形、第二形都是"龟"字,第一形为侧视形,第二形为俯视形。第三形、第四形都是"骨"字,第三形为正视形,第四形为侧视形。

有时观察角度不一定不同,只是由于事物处在运动状态,观察者所捕捉到的时机不同,获得的印象亦会有差异,记录它的形符也会有区别。例如:

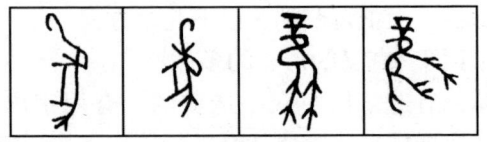

第一形、第二形都是"象"字。"象",最大的特点是它的长鼻子,这也是它整个躯体最灵活、经常处于运动状态的部分,在鼻子下垂时,可以描写为第一形,但它的鼻子上卷时,就会描写成第二形。第三形、第四形都是"凤"字。"凤",一般都会抓住它最大特征的凤冠去描写,但由于飞翔的伸张与静止时的形态差别很大,描写时就会有较大的差异。静止时可以写作第一形,飞翔时则可写成第二形。

有时并非观察位置不同,亦非捕捉时机有异,而是由于事物本身具有多方面的特征,描写的侧重点不同,也会造成记录它的形符的区别。例如:

第四章　汉字的结构　·81·

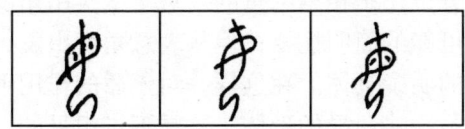

"母",强调其胸部特征或乳子功能的可写成第一形,强调其发型特征的可写成第二形,两特征兼表的可写作第三形。

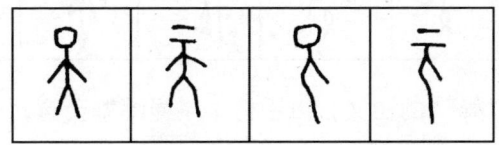

"天",本义为人的头顶,强调其形状的可以写成第一形;强调其位置的可以写作第二形。
"元",本义为人的头,强调其形状的可以写成第三形;强调其位置的可以写作第四形。

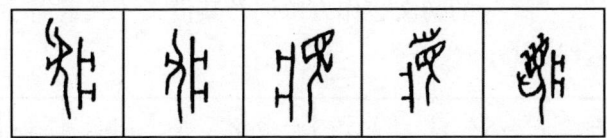

"梦",强调其睡着仍张口讲话的可以写成第一形;强调其睡着仍舞手弄脚的可以写成第二形;强调其睡着仍有所见的可以写成第三形或第四形;兼第二形、第三形、第四形特征的可以写成第五形。

2. 描写的详略不同造成多体

汉字起源于图画,就是发展到甲骨文这样一个比较成熟的阶段,其象形成分也还是相当浓重的。对于从实用角度出发,当然希望它结体尽可能的简明扼要;但从表意角度出发,却又希望它的描写尽可能的明确具体。在这样一对矛盾的作用下,不少形符都可能产生描写详略迥异的形体,这是不难想见的。例如:

"㫃","旗"的初文,仅就"族"字所从者言,即有不下六种写法:

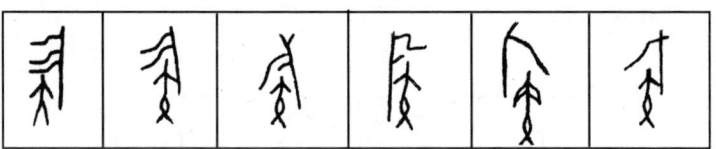

"無","舞"的初文,以手持牛尾绳跳舞会意,所持牛尾之繁简写法,亦不下六种:

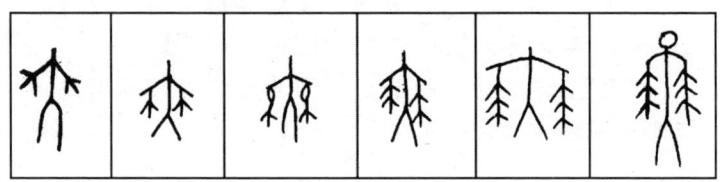

"东","橐"的初文,作方位词乃其借义。其繁简不同的写法亦在六种以上:

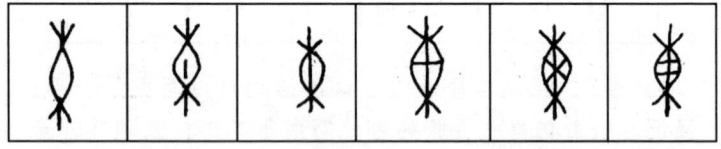

"虎",同是描绘老虎的象形文,繁简相距即甚远,以下写法的后三形显然是前三形的单线勾勒,后者求简易,前者求形象。

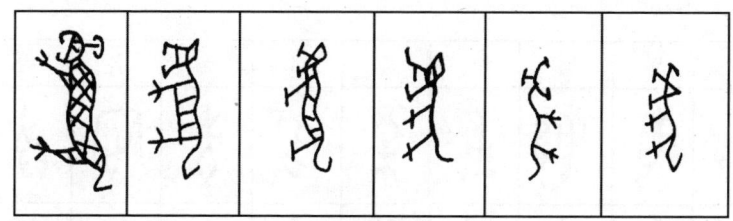

"羸"、"嬴"的初文，《说文解字》以"兽名"为说，误。其象形亦有多种形体，以下写法的后三形显然是前三形的单线勾勒，有描写详略之别。

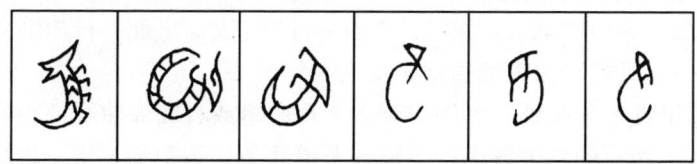

3. 书写形式自由造成多体

早期文字一般都有规范程度较低，书写形式比较自由的特点。一个形体往往既可正写，又可反写，既可横写，又可竖写甚至倒写，这在后世文字中虽不多见，在甲骨文中却是十分突出的。例如：

舟		云		臣		好	

"舟"、"云"两字是横写、竖写并见，"臣"、"好"两字是正写、反写同现。

又如：

字例 字体	帚	归	旁	壴	司	帝	各	得
倒文								
正文								

上表中的字自左至右分别为"帚"、"归"、"旁"、"壴"、"司"、"帝"、"各"、"得"，下面一行为正文，上面一行为倒文。

4. 写刻习惯不同造成多体

甲骨十分坚硬，要用刀刻去表现肥笔或者圆弧曲线便很有困难，一些写刻者采取用钩空廓甚至单线条代替肥笔，用方折线代替弧曲线的做法，这样就造成与按原本形体进行写刻的形体之间的差异，以至造成某些形符的多体现象，也是常见的。

丁	王	午	阜

"丁"，有填实的，亦有钩空廓的；"王"，有填实的，亦有钩空廓的，甚至用单线条替代的；"午"，有填实的，亦有钩空

廓的，甚至用单线条替代的；"阜"，有填实的，亦有钩空廓的，甚至用单线条替代的。

（二）部分形符的近似性和近似形符的区别性

1. 部分形符的近似性

这里所说的形符近似性，是指汉字中存在的某些形符的形体相近似的现象。造成它们形体近似的原因是多方面的，而且不同阶段有不同阶段的表现，下面亦先从甲骨文的考察着手，其余阶段的原因与表现，则留待第六章再加分析。

（1）客观事物的外形本来就相近，因而造成记录它们的符号的形体近似。

世间形近事物甚多，记录它们的符号亦势必近似，这是十分简单的道理，造字只有象形手段的时期，曾经出现过这类文字形体，也是不难想象的。但随着文字符号化的增强和造字手段的提高，这样的类似势必越来越少。不仅因为一事一形会使文字体系不堪其繁，而且要在有限的方块内用简练的线条将众多形近事物的形象区别开来，也确实不易。例如：

禾	来	黍	豹	虎	龟	鳖

禾、来（小麦）、黍这几种作物，客观事物本身都比较相似，豹与虎、龟与鳖，客观上也都是比较相似的，记录它们的象形符号自然也就近似了。

（2）表现手段局限造成形体相似。

有些事物在它们的客观实体比较上并不相似，但当它们局限在细小的方块内，靠着铜刀在坚硬的甲骨上冲刺出来的简单横直线条去描写时，它们之间的很多差别即被忽略或舍弃，呈现出来的，往往是一组形近事物的形象。不但很难表现出圆形的太阳（如，"莫"字所从）与圆形的皮鼓以及与方形的量器（如，"量"字所从）的差别，而且也很难反映出代表城邑的符号（如，"邑"字所从）与代表钉头的符号（"正"字的声符"丁"）的不同。

莫	壴	量	邑	正

因表现手段的局限而造成形体近似的现象在甲骨文中是十分常见的。例如：

兕	马	黾	龟	火	山	羸	龙

"兕"与"马"，兕的客观实体与马有明显区别，但一经刻入甲骨，两者的形象就变得相当近似了，乍看确难分辨，早期学者将它们一概收为"马"字，是不足为奇的。

"黾"与"龟"，黾为蛙属，其客观实体与龟有明显区别，但一经刻入甲骨，两者的形象亦变得相当近似了。区别只在于黾前后脚长短不同，而龟无此别；龟有尾而黾无之，不细心分析确实不容易看出来，《甲骨文编》就是因此将它们混为一字的。

"火"与"山"，两者的客观实体从体积到形、质都有明显区别，但一经刻入甲骨，其形象就变得相当近似了。用弧曲线表现火的向上燃烧的动感，与平底、线条硬直的山形还有一些差别,若迁就甲骨刀刻,一律以横直线条刻出,那简直与"山"字无别了,难怪有些人对这两个字索性不加区别,一概收为"火",以至《甲骨文编》这样一本大型字书竟然找不到"山"字条目。

"赢"与"龙",赢属小东西,与龙的形象自不可同日而语,但一经刻入甲骨,两者的差异马上减少,形象也变得近似起来。难怪不少学者至今仍不加区别。

(3) 变体交叉造成形体近似。

有些事物在客观实体的比较上并不相似,记录它们的标准字形也很不相同,但各自经过若干不同形式的变化之后,都会在变体之间发生交叉,出现相近似甚至完全相同的形体,这在甲骨文中也是不会少见的。例如:

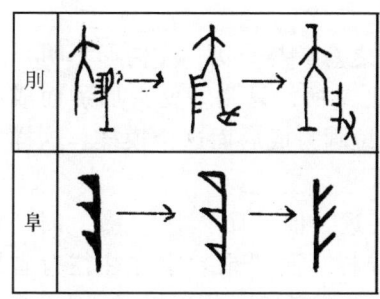 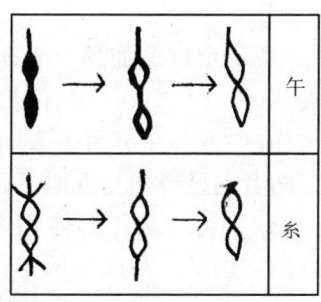

"𠂤"("刖"字所从)为刖刑的工具,阜为山陵,两者本来很不相同,怎么也拉不到一块的,但刖刑工具有时可用单线条表现如第二形、第三形之所从,而阜也可以用单线条表现如第三形,两个区别颇大的形符经过各自的变化之后,便发生变体交叉,出现相互近似的形体,不加审察,极易混淆,《甲骨文编》释"刖"为"陵",即属上此大当。

"午"为舂米的棒槌,"糸"为丝束,两者本来亦不相同,但"午"可用钩空廓的方法写成第二形、第三形的模样,而"糸"出于简化目的则可去掉两头的"束余之绪"而写成后面这副模样。考释文字时,如果碰到"ᑄ",应隶作"午"抑或作"幺"若"糸",往往都会令人颇费踌躇的,《甲骨文编》正文的"新附"隶定时即显得有点混乱。

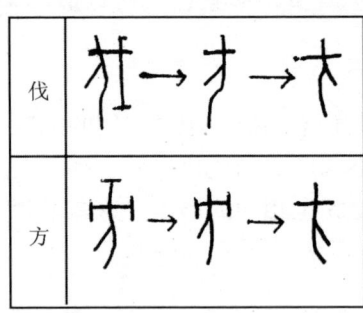
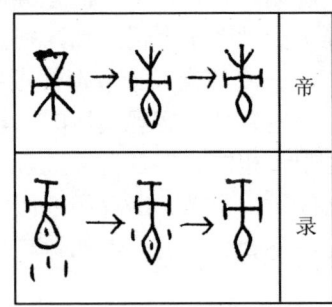

"伐"字以戈加颈上会砍伐之意,与"方"(构形不明)字相去甚远,但"伐"字有时省去戈柄,只剩下戈头加颈而成后一模样,"方"字亦可省去周围短画写成后面这个模样,这样一来,两者也显得相互近似了。

"帝"与"彔"形体相去甚远,但"帝"作"禘"时,往往以倒文别义,写成后两形的模样,而"彔"字亦往往有省掉小点的习惯,写成后两形的模样,两者便十分相似了,《甲骨文编》就是将"帝"字倒文收入"彔"字的。

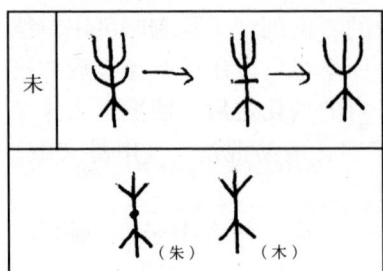
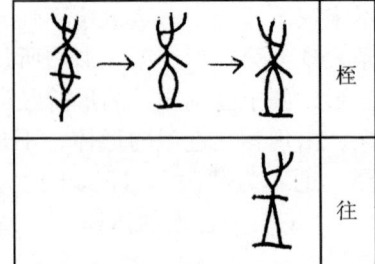

当然，有时不一定两个形符都发生变化，一个形体经过若干变化后与另一个形符相似的现象也是有的。例如，"未"字省去中间斜出的分枝的写法就与"木"字相近似，将中间斜出的分枝拉平的写法就与"朱"字相近似；以手铐上加表脚的"止"会意的"桎"字的省体两变之后也会出现与"从止、王声"的"往"字相近的形体。类似的例子还有很多，也都可以划入变体交叉造成形似的范畴。

2. 近似形符的区别性

有形近就易混淆，要避免混淆就得研究区别，试析甲骨文的近似形符，我们不但可以看到古人对区别近似形符研究的重视，而且可以看到他们在这方面有着极高的观察能力、抽象能力和表现能力。尽管他们在具体使用过程中有某些近似形符的混同，但从大多数形体反映出来的主流看，近似形符之间的区别有时虽然十分细微，但却是清晰而明确的。

甲骨文近似形符的区别主要表现为客观区别性和主观区别性两大类型。所谓客观区别性，是说尽管这些近似形符的区别符号是人们主观决定的，但在决定这些符号时，所根据的乃是客观事物本身表现出来的实际差别，主观因素起的不过是对客观事物表现出来的多种区别特征进行比较、决定取舍的作用而已。例如：

"马"与"兕"（字形见86页）之间有很多区别特征，作为文字形体是不可能，也没必要一一加以表现的，甲骨文抓的主要是两个方面的特征：一是马有鬃而兕无，这一特征为主；二是兕角突出，眼以上的部位长，眼以下的部位短，而马反之，这一特征为辅。

"龙"与"羸"（"赢"的初文）（字形见86页）之间，甲骨文抓的主要是一个特征：羸为小虫，躯体细小，无论单线复线，一律以向内卷曲写之；龙为威猛的庞然大物，无论单线复线，一律以翻腾起伏、向外翻转出之。

"龟"（俯视）与"黾"（字形见86页）之间，甲骨文抓的主要是两点：一是龟有尾而黾无；一是龟之足短而直，黾之后足长且曲。

　　所谓主观区别性，是指造字时对近似形符的区别，不是从客观事物本身表现出来的差异中寻找，而是按照社会的习惯观念与思维方式，以人们的主观意志另行确定一种区别的标志这样的一种特性。从现有材料分析看，这类标志一般都用在客观事物近似程度较高而线条又极简单的形体上面，其所加标志一般都极简单，或加点，或调整放置角度，或改变笔画形态，等等，不达成一定的默契，是无法得到准确的理解的。也就是说，这种区别性是以社会的约定俗成为基础的，它与主观随意性相排斥，而具有某种社会的规定性。因此，对它的研究，切忌随意臆测，这里想通过认真的形体分析，探求这种社会规定性的某些具体表现。例如，"未"与"木、朱"（字形见88页），"木"为树木，中竖为树干，上面斜笔代表树枝，下面斜笔代表树根；"朱"为"株"的象形初文，以木字中间加一点示意；"未"，本义未明，从字形看，亦当与树木有关，前一形乃其繁体，后两形即其简体，其一与"朱"相近，其二与"木"相似，前辈学者对它们的确定，主要是据其是否处在干支的位置上，而在前人确定的这些形体中，我们发现一个共同特征，即"未"字无论繁简，其最上两笔均作上曲的弧形或方折形，与"木"、"朱"之作直笔上斜形成明显的区别，绝少相混。"未"字描写的也许是客观实体的形象，但"木"、"朱"并非不具有这一形象，把最上两笔的曲与直作为"未"与"朱"、"木"的区别标志，是人为的规定。

　　"酉"与"畐"，大抵是形制相近而又有别、作用不同的两种盛酒器。从"酉"字和"畐"字的形体比较看，这两种盛酒器的区别在甲骨文的写刻条件下似觉已难表现，只好在用作畐时加上一些笔画作标志以示区别，这种标志反映的，就是主观的区别性。

酉				
富				

（三）形符构造的趋简性

汉字形符的简化，前人论述至多，此从略。

三、汉字形符的组字特征

独体的象形字在汉字的总量中只占一个很小的比例，大多数汉字都是由不止一个形符组成的，了解形符的组字特征，对于把握整个汉字形符系统也有十分重要的意义。就现有材料分析，大抵可归纳为以下几个方面。

（一）图画组合的表意方式

从甲骨文的结构分析可以看到，早期的文字，不仅象形字与在象形字基础上加标记的指事字有很强的图绘性，就是会意字也是靠部件间的图画式组合来表意，因而有很强的图绘性。试看下列几组文字。

下表以同一纵列为一组，其中第一横行的字与第二横行的字为同字异体，自左至右分别为"女"、"好"、"仔"、"伐"、"既"。第三横行是与第二横行构件相同而音义不同的字，自左至右分别为"丮（跪着的人两手反缚）"、"毓"、"毓"、"戍"、"即"。同组字中主要以第二行与第三行作比较。我们不难发现同组的文字，构件基本相同，部件按不同的方向、位置组合，便反映出不同的意思，结合的方向、位置变了，意思就要改变。"毓"字的"女"与"子"易位就要变成"好"，"戍"字的

女	好	仔	伐	既
丮	毓	毓	成	即

"人"写高了就要变成"伐"。所以，尽管"好"字可以写成"女"右"子"左的样子，也可以写成"女"左"子"右的样子，但"女"一定面向"子"；"毓"字可以写成从"女"从"子"、从"人"从"子"等形，但"子"一定在"人"或"女"的臀下；"既"字可有从"旡"、从"欠"以及从两"旡"等写法，但"口"一定与食器相背；"伐"字也可有多种写法，但"戈"一定砍在脖子上，结合是十分牢固的，字义完全可以从字形中直接地表现出来，从第二行的"既"与第三行的"即"可同旁而义别，第一行的"既"与第二行的"既"异旁而义同的现象就可看出，它所强调的并不是"偏旁"，而是表意部分的图画般的组合方式。甲骨文与金文中的会意字，绝大多数都是采取这样一种组合方式。类似的情况还有不少，例如：

　　用手将跪着的人的头往下按，是逼其降服的"㕍"，用手在跪着的人的前额上按，是烙印的"印"；一个人在前面跑，一只手在后面抓，是表赶上的"及"，被赶的人反身向代表手的"又"，是表示反身的"反"；代表脚的"屮"离开臼穴表示

第四章 汉字的结构 ·93·

艮	及	出	丞	陟	奉	正	飨
印	反	各	承	降	擘	韦	既

"出",朝向臼穴表示"各";两手把跪在坑里的人拉起是"拯"的本字"丞",两手把跪着的人托起表示承受的"承";在表示土山的脚窝的"阜"旁,两止朝上表示登陟的"陟",两止朝下表示降下的"降";两手朝手铐是表两手同械的"奉",两手与手铐相背是表示挣脱桎梏,表分开、剖裂的"擘";两止同向一目的地,表示"征伐"的"正",两止在标的物的两边分朝相反方向是"违"的本字"韦";跪在食器旁的两人,口向食器的是"飨",口背食器的是表吃完的"既",等等。

(二) 事物组合的特征联想表意方式

上节"转注"附说中,已涉及用具体事物的象形文去表达一种比较抽象的意思的问题,这个由具体到抽象的变换,主要是通过事物特征的联想去实现的。这种事物特征联想的表意方式,并不局限于象形文,且适用于会意字的组合。例如:

圣	鸣	臭	触

第一个字是甲骨文的"圣"字。耳是听觉器官,人形之上标示特大之耳,自然会产生"听力特好"的联想。

第二个字是甲骨文的"鸣"字。左边是口,右边是"鸡"的象形初文,鸡有善鸣的特征,"鸡"旁加口,自然会产生"鸟鸣"的联想。

第三个字是甲骨文的"臭"字。犬有嗅觉灵敏的特征,"犬"旁加鼻子的象形初文"自",自然会产生"以鼻嗅味"(这个意义后来写作"嗅")的联想。

第四个字是战国古玺中的"触"字。牛喜以角相触,"牛"字上标示特大之角,自然会产生"抵触"的联想。

上述四字所表示的行为,是人与动物都具有的,但要用象形字或图画式组合的会意字都不易表达,先将实施某一行为的器官标出,再选取这一器官最灵敏的动物配合放置,很自然就会引起对实施这一器官的行为的联想了。又如:

巫	男	邑	嵒

第一个字是甲骨文的"巫"字。"工"为筮具,两筮具横竖叠加,是布策为筮之象,由布策为筮之象联想到布策为筮之人,便是巫者之义的由来。

第二个字是甲骨文的"男"字。"力"为起土的农具,把男子常用的农具"力"与劳动对象"田"放在一起,便产生用力于田的男性的联想。

第三个字是甲骨文的"邑"字。"口"代表"区域"，下加跪坐人形，便产生人集中居住之区域的联想。

第四个字是甲骨文的"啚"字。"口"代表"区域"下加表仓廪的㐭，便产生从事农业生产之人聚居之地的联想。

前两字由工具联想到使用工具的人，后两字由最具特征的生活要素（悠闲跪坐的城里人与储存农产品的仓廪）联想到区域的性质。

这种特征联想的表意方式，是对图画组合表意方式的一种补充，严格来说，仍未离图画组合范畴，但从发展的眼光看，它似乎处于比图画组合更高级的阶段，虽然表意不像前者那么直观、明确，但却增强了结字的偏旁意识，可以说是图画组合向偏旁组合的一种过渡。例如：将"口"与"犬"摆在一起以示"犬鸣也"的"吠"字，将"目"与"犬"摆在一起以示"犬视皃"的"臭"字；将"自"与"刀"摆在一起以示"割鼻子"的"劓"，将"册"与"刀"摆在一起以示"竹简上删削文字"的"删"字，等等，也都是属于这种类型的。

（三）意义组合的表意方式

意义组合的表意方式是比图画组合表意方式、联想组合方式更高级的一种组字方式。组成会意字的部件之间不是靠形象的关联，而是靠意义的联系组合来表达字义的。例如，"雀"以"小"与"隹"联合表"小鸟"之意，"劣"以"少"与"力"联合表"弱也"之意，"烦"以"火"与"页"联合表"头似火烧"之意，"香"以"黍"与"甘"联合表"甘美"之意，等等，即属此类。此外，取女为"娶"，任（依）几为"凭"，户册为"扁"（"匾"的初文），甚少为"尟"（鲜），小土为"尘"，大耳为"耷"，大面为"奤"，上小下大为"尖"，等等，隶变以后所造之会意字，多取这种表意方式组字。

（四）形符叠加的表意方式

形符叠加的表意方式是以相同形符的叠加作为表意手段的一种组字方式，它与"两人相背"的"北"及"两乇相向"的"門"那种情况不同，"北"、"門"中的两形符虽然形体大致相同，而方向实异，不能算作相同形符，两个形符按规定的方向位置摆在一起，也不属我们这里所讲的"叠加"。我们讲的叠加与"两人前后相随"的"从"字及以"二玉相合"表"白玉一双"的"珏"字一类相同形符的组合有异，在"从"、"珏"的组合中，每个形符都各自承担着具体的职责，其联合形式所表达的也都是字面反映的直观含义；而形符叠加的方式，则是通过这种叠加手段去表达一种既与该形符意义相关又超乎字面直观含义之外的隐性含义。这种隐性含义一般都有一种强化的意味，或表现为"物之众也"，即数量上的扩大，例如：

"多"，《汉语古文字字形表》谓以胙肉叠加表众多之义。

"艸"，《说文解字》："百卉也，从二屮会意。"

"磊"，《说文解字》："众石也，从三石。"

"鑫"，《汉语大字典》："多金，财富兴旺。"

"雥"，《说文解字》："群鸟也，从三隹。"

"骉"，《说文解字》："众马也，从三马。"

"品"，《说文解字》："众口也，从四口。"

"卉"，《说文解字》："艸之总名也。"

"茻"，《说文解字》："葩之总名也。"

或表现为"物之盛也"，表现为对某类事物特征的强化，例如：

"骉",《说文解字》:"艸木马盛也。从二马。"

"赫",《说文解字》:"火赤也,从二赤。"段注:"赤之盛,故从二赤。"

"淼",《说文解字》新附:"大水也,从三水。"

"鱻",《玉篇》:"鱼盛也。"

"皛",《说文解字》:"显也,从三白,读若皎。"

"犇",《石鼓文》奔字。

"毚",《说文解字》:"疾也,从三兔。"段注:"兔善走,三之则更疾矣。"

"猋",《说文解字》:"犬走貌,从三犬。"

"丝",《说文解字》:"微也,从二幺。"段注:"二幺者,幺之甚。"

"毳",《说文解字》:"兽细毛也,从三毛。"

"孨",《说文解字》:"谨也,从三子。"徐灏《注笺》:"此当以弱小为本义……孨、孱盖古今字。"

"羴",《说文解字》:"羊臭也,从三羊。"

形符叠加的表意方式,在殷商甲骨文中已见运用,比较集中的用例主要见于《说文解字》,汉以后的新造字中时有发现,是会意的一种方式,但不居于主流地位。

(五) 义近形旁的通用

所谓义近形旁通用,指的是由于某些形旁的意义相近,它们在一些字中可以互易,而互易之后,不仅字义与字音不会发生改变,而且于字形结构上亦能按同样的角度做出合理解释的现象。

常见的义近形旁,有的原有一种发展分化关系,意义上联系密切,相互间的通用比较自然。例如:"口"与"言"、"目"与"见"、"糸"与"素"、"彳"与"辶(辵)"等。

咏詠　吟诗　睹觐　际视　瞟飘
缓繸　绰綽　伋返　後逡　偏遍

有的是类属相同或相近的事物，古人的分类又不那么严格与准确，选择时就比较随便，容易出现两可情形。例如："隹"与"鸟"、"彡"与"毛"、"牙"与"齿"、"骨"与"月（肉）"、"衣"与"巾"、"宀"与"广"、"豸"与"犬"等。

雁鴈　雕鵰　鼠毳　鬃騣　猵鯿
胳骼　膀髈　裙帬　褌幝　毯毺
窝廞　宅庀　犴犴　貂韶　蚡鼢
蟟鰡　鳖鼈　蛙䵷　蔦樢　玩贩

有的是形符意义相通，选择时也存在相通的联系，例如："心"与"言"、"口"与"欠"、"言"与"欠"、"手"与"攴"等。

悖誖　怼谢　哲悊　啸歗　呦㳘
歌词　扬敭　播敾　翼糞　翰輪

由于形声字的形符只表达一个与它所构成字相近的意思，对一些含义较广的字，形旁的选择余地就更大，所以义近形旁通用的情况是很多的。

应该指出的是，并不是所有的义近形旁都可以随意通用的。形旁义近，只说明有通用的机会，能否通用，还得看具体的条件。因为汉字无论古今，每一个形旁都有特定的含义，如果有两个可以随便通用的形旁存在的话，已苦于形符过分复杂的古人早就将它们合并了。所以，通用都是相对的，有条件的，运用义近形旁通用原理去研究问题，一定要注意通用的条件分析。

第三节 汉字声符特征考察

现在一般的论著给声符所下的定义都是指形声字中表示读音的偏旁。我们所讲的声符，包含的范围要广一些，它除了形声字的声符外，还包括假借字和附画因声指事字、独体形声字、双声符字中具有标示语音作用的所有部件。总之，构成汉字的符号中，对某一个字所代表的词有标示语音作用的所有符号，都属于我们所讲的声符。

对这些声符进行系统的整理与考察，于文字的考释、字音的辨证、汉字音义关系的认识等方面，都有重要的意义。下面，将从汉字声符的来源、汉字声符的表音功能、汉字声符的构字特征三个方面展开讨论。

一、汉字声符的来源

从世界文字的发展轨迹看，古汉字、古埃及的圣书字、古代苏美尔人的楔形文字都经历过以形表义、借音表义然后向形声文字发展的阶段。但形声文字在古埃及和苏美尔都没有发育完全，结果是传播到别的民族，被改造成拼音文字。只有汉字，在借音表义受到限制后，大量创造形声字，并将表意文字推进到最高级、最完备的阶段。

汉字的声符与拼音文字的声符有着本质的区别。拼音文字的声符是专职的，所使用的字母数量都相当少；而汉字的声符则是借用本来有音有义的形符来充当的。从理论上讲，每一个汉字都可以充当声符，实际上用作声符的字，数量也极大。据统计，从古到今的汉字当中，用作形声字声旁的字在 1 000 个左右。有很多汉字既可以充当形符,又可以充当声符,有的还同时兼作声符和形符。因为汉字的声符是由表意为基本功能的形符借用过来的,其音读并不与以它为声符的字的语音演变同步发展,因此,其表音作用是极不健全的。大多数形声字都跟声旁不完全同音,而且彼此之间的差异有时还很大。而拼音文字则随语音的变化而变化,"数百年前,已成皇古;山河暌隔,则需异文"(钱穆《中国民族之文字与文学》),它们是专职记音,自然是可以而且必须适应语音演变的,两者确有很大的不同。

汉字的声符是如何由表意符号转化为表音标识的呢?下面分类加以分析说明。

1. 借音表义的假借字声符

借音表义的假借字声符主要是因口语中的某些词在笔下未有专为它造的字,而利用词的同音关系,通过借用同音词的书写形式,透过其声韵承载语义而用作记录新语词的标识。它包括我们前面提到的六书中的假借,例如,借本义为兵器的"我"为第一人称代词"我"、借本义为赐予的"易"为"容易"的"易"之类;也包括由假借而来的附画因声指事字,例如,"百"中之"白","尤"中之"又"之类;还包括合音字,例如,"嗠"(音丁夜反),"镶"(音名养反)之类;以及双声符字,例如"铻"、"吴"之类。

2. 借音注义的形声字声符

借音注义的形声字声符主要是为明确假借义而在假借字上加注形符而分化出来的新字。例如:

辟—避、闢、僻、譬、璧　　属—嘱
咸—感　　师—狮　　舍—捨

这是假借字声符转化为形声字声符。从造字目的看,在于分化文字的职能；从造字的结果看，人们已经有意识地用假借字来为汉字标音，为创制形声字开辟了广阔的途径。

3. 形符注义后转变成形声字声符

形符注义后转变成形声字声符主要有两种情况，一是纯表意字借作他用，本义与借义使用频率都很高，而借义又不易用新造字形表达的，于是再增加一个与本义相关的形符以区别于借出的字，组成了一个以新增形符为义、以原来的表意字为声的形声字，原来的表意形符便转变为声符了。例如，"莫"之作"暮"；"其"之作"箕"等，都属此类。一是表意字引申义较多，一些引申得离本义较远而使用频率又较高的引申义，会附注相关形符以示区别，分化出以新增形符为义、以原表意字为声的形声字，表意的形符也转变为声符，例如，"竟"之分化出"境"，"解"之分化出"懈"等，即属此类。当然，也有表意字为引申义所占有而为本义造分化字的，例如，"州"之分化出"洲"，"益"之分化出"溢"，即属此类。此外，有些表意字以被用作声符为常，也有在其本字上再加形符构成形声字的，例如，"月—牀"，"厷—肱"，等等；还有，为引申义造的附画因声指事字，例如，"大"之分化出"太"，"高"之分化出"乔"（乔），"小"之分化出"少"，等等，也都属于将形符转变为声符一类。这类声符的特征兼有表义功能。

4. 形符注音

形声字既能示意，又能标音，显示出巨大的优越性，一些表意字加注音符成为形声字的情形实不鲜见。

象形字一般会直接加注声符，例如，象形的"𦥑"加注声符"奚"作"雞"；象形的"𦥑"加注声符"凡"作"鳳"；象形的"囧"加注声符"止"作"𦣞"；象形的

"㐺"加注声符"又"作"叜"即是。

会意字有直接加注声符的,例如,人持耒的会意字"⿺耒"加注声符"昔"作"耤";从"林"、从"土"的"埜"加注声符"予"作"壄"。

也有将部分形符换为声符的,例如,"⿱田田—囿"、"囗—囿",即是。

5. 直接选择形符和声符为新词造形声字

这是新造形声字最普遍使用的方法,例子最多,此从略。

二、汉字声符的表音功能

(一)从上古音考察声符的表音功能

从上古音考察声符的表音功能,主要依据王力对上古音声纽与韵部的归类及声转原则。从声符与形声字的读音关系,分为音同声符、音近声符和音变声符三大类。

1. 音同声符

音同声符指声符的音读与以它为声符的字的音读在声、韵方面完全相同。例如:

{章（章母、阳部）
樟彰漳瘴障嫜慞鄣璋嶂獐蟑（章母、阳部）

{止（章母、之部）
趾址祉芷（章母、之部）

{卢（来母、鱼部）
炉芦庐鲈栌泸轳垆胪鸬舻驴（来母、鱼部）

{皇（匣母、阳部）
惶蝗煌隍篁徨鳇遑湟（匣母、阳部）

2. 音近声符

音近声符指声符的音读与以它为声符的字的音读相近。
（1）有韵同声近的。例如：

齐（从母、脂部）（附音同声符：剂脐蛴癠嚌穧荠）
挤跻霁济齑齏（精母、脂部）
斋（庄母、脂部）
侪（崇母、脂部）

韵部同属脂部，声纽从与精、庄与崇为旁纽，从与崇、庄与精为准双声。
又如：

是（禅母、支部）（附音同声符：匙諟）
题提缇醍（定母、支部）

韵部同属支部，声纽禅、定准旁纽。
（2）有声同韵近的。例如：

冓（见母、侯部）（附音同声符：溝構搆購媾耩覯遘簼）
講構顜（见母、东部）
斠（见母、屋部）

声纽同为见母，韵部侯、屋、东对转。
3. 音变声符

声符的音读与以它为声符的字的音读有变异，韵部或声纽相隔较远，按传统音韵学属不能相通的。

各（见母、铎部）（附音同声符：茖格阁胳）
客恪（溪母、铎部）
垎（匣母、铎部）
烙洛骆络雒硌珞路赂（来母、铎部）
貉（明母、铎部）

韵部同属铎部，声纽见、溪为旁纽，见、溪与匣为喉牙邻纽，也还相近，但与舌音的来、唇音的明纽却相隔较远了。
又如：

匀（余母、真部）
军（见母、文部）
訇（晓母、耕部）
趪（群母、耕部）

韵部真文旁转，属于韵近，声纽舌音的余母和牙音的见母、群母与喉音的晓母相隔也比较远。

（二）从今音考察声符的表音功能

这里的今音，指的是现代汉语普通话语音。

1. 声、韵、调皆同

例如：

{ 止（zhǐ）
{ 趾址祉芷（zhǐ）

{ 卢（lú）
{ 炉芦庐鲈栌泸轳垆胪鸬舻（lú）

{ 皇（huáng）
{ 惶蝗煌隍篁徨鳇遑湟（huáng）

2. 声、韵同，调异
例如：

$$\begin{cases}交（jiāo）（附音同声符：郊跤蛟鲛茭鹪 jiāo）\\ 绞狡饺皎铰佼（jiǎo）\\ 较校（jiào）\end{cases}$$

$$\begin{cases}韦（wéi）\\ 伟纬苇帏玮韪炜（wěi）\\ 卫（wèi）\end{cases}$$

$$\begin{cases}古（gǔ）\\ 姑估沽菇轱酤蛄辜（gū）\\ 故固（gù）\end{cases}$$

3. 韵同，声异，调有异同
例如：

$$\begin{cases}干（gān）\\ 犴顸鼾（hān）邗（hán）罕（hǎn）汗（hàn）\\ 刊（kān）衎（kàn）\\ 奸（jiān）\end{cases}$$

$$\begin{cases}兼（jiān）（附音同声符：蒹搛缣鹣鰜 jiān）\\ 谦（qiān）嗛（qiǎn）慊歉（qiàn）\\ 嫌（xián）\\ 廉（lián）\end{cases}$$

4. 声同，韵异，调有异同
例如：

{内（nèi）
 纳钠呐衲肭（nà）
 讷呐（nè）

{麻（má）
 磨魔（mó）
 靡糜縻（mí）

{某（mǒu）
 煤媒楳禖（méi）

{累（lèi）
 骡螺瘰（luó） 摞漯（luò）

5. 声韵皆异，调有异同
例如：

{啻（chì）（附韵同声异声符：滴 dī 蹢嘀嫡镝 dí）
 谪（zhé）
 摘（zhāi）

{各（gè）（附音同声符：铬硌；声韵同调异声符：
　　　咯胳袼 gē 格阁骼 gé）
 烙洛骆络咯雒硌珞（luò）
 路辂赂（lù）
 略（lüè）

{殿（diàn）（附音同声符：澱癜）
 臀（tún）

{空（kōng）（附音同声符：崆箜 kōng；声韵同调
　　　　异声符：倥 kóng 控鞚 kòng）
 腔（qiāng）

此外，尚有一种韵虽异却相近，声或同或近的情形（多见于新造简化字）。例如：

$$\begin{cases} 兵（bīng）\\ 宾（bīn）\end{cases}$$

$$\begin{cases} 令（lìng）\\ 邻（lín）\\ 怜（lián）\end{cases}$$

（三）汉字声符表音功能特征分析

上面我们从上古音和今音两个不同的角度对汉字声符的表音功能进行了具体地考察。从上古音来看，即使在造字初期，汉字声符的表音功能就不太健全，而现代汉语普通话里，声旁和形声字的读音大多数有差异，而且有时差异还很大。据裘锡圭估计，跟声旁声韵相同（包括声调不同的在内）的形声字，在全部形声字里所占的比重不会超过五分之一。这主要有两个方面的原因。

首先，在造字之初，声旁跟形声字不一定完全同音。①在选择声旁时，一般避免用生僻或字形繁复的字，有时不得不在语音上降低要求，只要音近即可。正因为如此，古音学家根据形声字声旁研究上古汉语的声母时，就不可避免地出现分歧。②有些分化字是为表示母字的引申义而造的，在文字产生之前，语言里就通过语音的细微变化派生出新词，记录新词的分化字当然不会完全同音。③用作假借字的声符跟它原来的读音也不一定完全同音，在假借字的基础上加注形符而成的形声结构的分化字，其读音跟声旁也就不一定完全同音。

其次，古今语音的演变造成或扩大声旁与形声字的读音的差异。有些形声字本来跟声旁完全同音，但由于两者的语音演变不一样，现在看来读音就大不一样了。大多数形声字的读音跟声旁本来就有细微差别,语音演变使差异扩大了。

声旁的表音作用不健全,主要表现在以下几个方面:

第一,现代形声字的声旁标音准确率不到20%。

第二,同一个读音,所用声符不统一。例如,méi:每——酶、霉、梅、莓;眉——媚、嵋、湄、楣、镅;某(本义为酸果,借为"某某"之"某",后借"梅"表示本义)——煤、媒。

第三,同从一个声旁的形声字往往有很多种读音。例如:者——锗、赭(zhě);奢(shē);猪(zhū);煮(zhǔ);著(zhù);楮(chǔ);暑、署(shǔ);都(dū);堵、赌、睹(dǔ);屠(tú);绪(xù)。

因此,我们一定要注意避免读字读半边的习惯,但并不是说声旁毫无标音作用,相反,我们应该而且可以利用声旁来帮助辨别、记忆字音。

从绝对数量来看,跟声旁同音的形声字还是相当多的。例如,以"皇"为声旁的所有形声字都读 huáng:凰、惶、蝗、煌、隍、篁、簧、徨、鳇、遑、湟……在多数情况下,形声字与声旁的读音还是比较接近的。例如,"群"的声母是 q,声旁"君"的声母是 j,两者都是舌面前音。"藐"的韵母是 iao,声旁"貌"的韵母是 ao,区别仅在于 i 介音的有无。

部分声符可以通过类推来辨别一系列同声符字的声母或韵母。

(1)声符的声母是 d、t 的字,除了仍读 d、t 之外,其余一般读 zh、ch、sh 或零声母,不读 z、c、s。例如:

兑 dui——蜕(tui)、脱(tuo)、税(shui)、说(shuo)、阅悦(yue)

多 duo——爹(die)、哆(duo)、奓(zha)、侈眵(chi)、移黟(yi)

台 tai—胎抬苔炱跆鲐邰骀（tai）、怠殆迨绐（dai）、治（zhi）、答（chi）、始（shi）、怡诒饴眙贻（yi）、冶（ye）

屯 tun—囤饨（tun）、吨顿钝沌盹炖砘（dun）、肫窀（zhun）、纯（chun）、莼（chun）

当然，个别例外还是有的，如"邨"之读 cūn。
(2) 声旁的声母是 zh、ch、sh，同一声符的字一般也读 zh、ch、sh，有个别的读 z、c、s 或 d、t 或零声母。例如：

隹 zhui—锥椎雉（zhui）、椎（chui）、谁（shui）、崔（cui）、睢（sui）、堆碓（dui）、推（tui）、唯维惟帷（wei）

出 chu—础绌黜（chu）、拙茁（zhuo）、咄（duo）、屈诎（qu）

尚 shang—赏裳绱（shang）、常敞尝裳惝徜（chang）、掌（zhang）、堂倘淌躺趟棠耥（tang）

(3) 声旁的声母是 z、c、s，同一声符的字一般也读 z、c、s，有个别读 zh、ch、sh。例如：

卒 zu—猝（cu）、窣（su）、醉（zui）、翠淬瘁粹啐悴萃（cui）、碎（sui）

兹 zi—滋孳嵫（zi）、慈磁鹚（ci）

此 ci—雌疵呲（ci）、紫鴜觜髭赀茈訾眦（zi）、觜（zui）、柴（chai）

从 cong—枞苁（cong）、纵枞（zong）、怂笎（song）、扖（chuang）

司 si—伺饲嗣笥（si）、词伺祠（ci）

（4）声旁的韵尾是鼻音，同一声符的字读音相同的情形较多。例如：

宾 bin—摈滨膑殡缤髌傧槟（又读 bing）鬓镔
林 lin—淋琳霖啉
丙 bing—病柄炳邴
令 ling—领零铃玲岭龄伶羚翎苓瓴呤泠柃聆图

有的形声字的读音跟声旁差别很大，但是同一声旁的其他形声字的读音相同或相近，例如，"垩"跟声旁"亚"的现代读音相差很大，但我们联系到同一声符的"恶"读，就容易记住"垩"的读音了。有的声旁被改成一个完全不同音的字，如"𦎫"（dūn）被改成"享"，但以它为声旁的一系列形声字读音往往相近，如"醇、淳、鹑、谆、敦"，应该说，这样的声旁还能起一定的表音作用。

由于汉字字形的演变，有些形声字演变成记号字或半记号字，也是不少见的。例如，"年"在古文字里是个"从禾、人（或千）声"的形声字，后来形旁和声旁都发生讹变，成为记号字。"春"本作"萅"，"艹"和"日"是形旁，"屯"是声旁，后来声旁"屯"跟形旁"艹"省并成"夫"，就变成了半记号字。这样一来，原来的声旁便因变形而起不到表音的作用。

还有一些形声字的声旁并没有发生讹变，但由于语音的变迁，声旁也丧失了表音作用。例如，"耻"本作"恥"，"从心、耳声"。后来语音发生变化，一般人不知道"耳"字是声旁，就把"心"旁改换成"止"旁，原来的形旁被改变成了声旁，原来的声旁则成为记号，失去了表音作用。又如，"特"的本义是公牛,"牛"是形旁,"寺"是声旁,但"寺"的表音作用已经因语音演变而丧失。

三、汉字声符的构字特征

1. 声符的位置

汉字声符的位置比较复杂,这点在第七章有详细阐述,这里就从略了。不过,可以指出的是,尽管汉字声符在上、下、左、右、内、外等位置都有出现,但就大多数而言,左右结构者以居右为多,上下结构者以居上为常,内外结构则居内的较普遍,前人将声符探求语源的学说称作"右文说"即是基于这样一种状况给予定名的。

2. 声符的变形

前面已经指出,声符主要是由形符借来的。组字时,何者为声符,何者为形符,本身并无特别标记,我们只能透过对它们与字音的关系的考察来判别。由于在汉字发展演变过程中,无论形符、声符的形体都会发生变化,这种变化自然会加大我们对声符与形符的判断以及对字音字义理解的困难,因此,是要认真加以对付的。

声符的变形首先是表现在省声方面。例如,"珊"为"删"省声,"疫"为"役"省声,"荥"为"熒"省声,"恬"为"甜"省声等较常见的还不难掌握。但"隆"为"降"省声,"盥"为"农"省声,"袭"为"龖"省声,"军"为"匀"省声等,便不好掌握。又如,"梳"为"疏"省声,而"琉"为"流"省声,"莘"为"劳"省声却与常规的"荥"为"熒"省声不同,"殳"为"投"省声亦与常见的"疫"为"役"省声相异,就更不好分辨了。这些问题都是要下功夫去辨析的。

声符的形变还表现在讹变方面。例如,甲骨文本来是借鼎为贞,后来造了一个"从卜、鼎声"的形声字,西周金文还清楚地看到是这样的一种结构,但战国以后,出于简化的目的,标声的"鼎"讹成了不标声的"贝",声符便看不出来了。这类情形在隶变过程中表现尤其突出,例如,"成"原是"从戌、丁声"的形声字,隶变以后声符"丁"看不出来了;"布"字原以"父"为声符,"更"字原以"丙"为声符,"春"字原以"屯"为声符,隶变以后便都看不出来了,这类情形也是需要我们认真学习,加以领会的。

3. 声符的增减与变换

声符的作用在于标示字音,音近的声旁往往可以互相变换。例如:

球—璆　　祀—禩　　芎—营　　藻—薻
诟—詢　　诮—譙　　鞀—鞉　　𥱨—瓻

有些是由于不同的人造字时选择了不同的声符,有些是为适应语音变化而改换声符(如:"擣—捣、袴—裤"之类),有些则是为了简化(如:"谰—讻、蹤—踪"之类)。

这里所讲的声符的增加,指的不是前面提到的形符注音,而是在已有的声符上重复增加一个声符以及形符讹变为声符的现象。声符的增加前者一般是因原声符赶不上语音发展而标音功能渐晦所致,例如:"恥—耻、午—牾(啎)、榦—幹"等即属此类。形符讹变为声符则是由于误解字形造成的。例如,"朢"之变"望",不标音的"臣"变成了标音的"亡","皇"字下部无标音作用的灯座变成了标音的"王"之类,即是。

声符的减省主要在形体的简省方面,即前面提出的"省声"。

第五章　汉字发展变化的内部规律

汉字自产生之日起，其发展变化就在经常地、不断地进行着。一般的变化总是从偶然的、个别的、无规则的、细微的变化开始的，而发展的结果，却出现了商代使用的甲骨文与今日通行的楷书之间的巨大差异，试翻开整部汉字发展史，甲骨文、金文、石刻文、陶文、玺印文、简帛文、货币文、小篆、隶书、楷书、行书、草书，其形体差异之巨大，变化现象之纷繁复杂，确实令人眼花缭乱、难以捉摸。但只要我们细加分析，是不难看出这些纷繁复杂的现象的后面，有着一种起支配作用的规律存在，它促使所有汉字都顺着一定的趋势发展和变化。这个规律和趋势就是：简化、声化、规范化。

第一节　简　化

社会的发展，使得人们的交往日益频繁，文字的应用也日益广泛，人们为了提高书写效率，自然对文字的简化提出越来越高的要求。

简化的手段是多种多样的，从形体方面着眼，主要有以下几方面。

（一）把图画式的符号线条化、笔画化

早期的文字，具有很强的图画性，从它残留在甲骨文和金文中的痕迹可以看到，有的与绘画实地接近，书写起来很不方便。

例如：

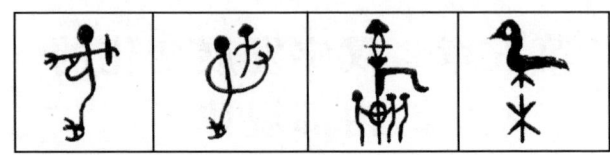

人们为了实用上的需要，便设法省去可省的部分，用线条形式去代替图画形式，使它们由复杂的图形，变成简单的线条和笔画符号，在甲骨文中就已经十分符号化、线条化了。例如：

到了楷书，写成了"何"、"保"、"旅"、"集"，已没有半点图画的痕迹。其笔画化、符号化就十分彻底了。

（二）删去字中重复的或不重要的部分

早期文字的图绘性特别强，不少字都近乎写实，结构便容易造成繁复，极不利于书写的简便快捷。人们便设法抓住最能表现事物特征的部分予以保留，而将重复的或不重要的部分省去，这样，对字义不会有多大的影响，书写起来却方便多了。例如：

| 郭 | 旅 | 采 | 囹 | 既 |

上表两行都是甲骨文字形，可见这种简化在甲骨文时代即已很普遍。"郭"本义是外城，本象城墙上四亭相对，占地太宽，不利方块结构，省为两亭，于字义并无影响；"旅"为一人举旗行进，后面两人相从，省去一人，于义亦足；"采"以手摘树上果实会意，省去果实，于字义亦能明白；"囹"字像人戴手铐囚禁于监狱之中，省去被执的人，保留牢房与手铐，于义已足；"既"主要能表达"食完"即可，一人或两人并无大碍。

到了楷书阶段，文字的符号性更强，简化已不斤斤计较于形义的关联，保留原字的特征部分，省去其他笔画以简化形体的做法就更加普遍了，例如："飛"之作"飞"，"聲"之作"声"，"鑿"之作"凿"，"醫"之作"医"，"麗"之作"丽"，"鄉"之作"乡"，"奮"之作"奋"，"奪"之作"夺"，"墾"之作"垦"，"陽"之作"阳"，"業"之作"业"，"習"之作"习"，"滅"之作"灭"，"寶"之作"宝"，"掃"之作"扫"，"匯"之作"汇"，等等，即属此类。

还有草书楷化的，例如："東"之作"东"，"樂"之作"乐"，"門"之作"门"，"長"之作"长"，"興"之作"兴"，"舉"之作"举"，"言"旁之简化为"讠"，"食"旁之简化为"饣"，"易"旁之简化为"䓖"，"糸"旁之简化为"纟"，"臤"旁之简化为"𫠆"，"專"旁之简化为"专"，"金"旁之简化为"钅"，"睪"旁之简化为"𢆉"，"僉"旁之简化为"佥"，"睪"旁之简化为"⺍"，"車"旁之简化为"车"，等等，都可作此类理解。

（三）替换繁复的偏旁

旧有汉字，有不少偏旁是异常繁复的，书写时多有不便，于是人们便想方设法在不影响字义表达的前提下，用笔画较为简单的偏旁去替换繁复的偏旁。

用笔画较简的义近偏旁替换繁复形旁的，例如："鼉鼋"之作"蜘蛛","電"之作"蛙","骯"之作"肮","髒"之作"膀","貓"之作"猫","豬"之作"猪","貂"之作"貂",等等。

用笔画较简的声近偏旁替换繁复声旁的,例如:"擔"之作"担","鐘"之作"钟","醻"之作"酬","燈"之作"灯","擾"之作"扰","懼"之作"惧","憐"之作"怜","糧"之作"粮","階"之作"阶",等等。

用笔画简省的偏旁作为象征性符号替换繁复偏旁的,例如:"漢"之作"汉","難"之作"难","歡"之作"欢","權"之作"权","鷄"之作"鸡","樹"之作"树","羅"之作"罗","亂"之作"乱","棗"之作"枣","劉"之作"刘","轟"之作"轰","聶"之作"聂",等等。

此外,还有以新造简化会意字代替繁复的会意字,例如:"塵"之作"尘","筆"之作"笔";以新造简化会意字代替繁复的形声字,例如:"牀"之作"床","櫺"之作"闩","巖"之作"岩","竈"之作"灶","淚"之作"泪",等等。

简化除了着眼于形体方面外,还有从符号数量的精简方面入手的。

1. 同化义近形旁

"画成其物"时代遗留下来的种类繁多的形符,使汉字显得十分臃肿庞杂,因此,人们早就注意到精简文字数量的工作,其具体做法,主要是将一些义近形旁同化、合并。例如,"鸡"、"凤"两字,早期甲骨文都是对各自的形象作具体描写,"鸣"字也是从"鸡"、从"口"会意的,后来"鸡"的象形字加上声符"奚","凤"的象形字加上声符"凡",原来的形体便可以被代表一般鸟类的"鸟"或"隹"所同化,"鸣"字也由从"鸡"的象形字改为从"鸟",这样一来,"鸡"、"凤"的象形字(包括其独体或作偏旁的)就都被精简掉了。

2. 废除异体字

汉字中存在大量音、义俱同而形体相异的"异体字",这是造成汉字臃肿庞杂的又一重要因素,不仅会加重人们学习的负担,而且容易给用字带来混乱,因此,历来整理文字,都把确立正体、废除异体作为重要内容,使汉字在字数上得到精简。因为这同时又是规范化的问题,有关字例就留待以后再谈了。

3. 合并同音字

在不会造成使用混乱的前提下,将一些同音字加以合并,也是从字数上精简汉字的一个有效方法,例如:"斗"与"鬥"合并,"谷"与"穀"合并,"丑"与"醜"合并,"出"与"齣"合并,"范"与"範"合并,"卷"与"捲"合并,"郁"与"鬱"合并,"饥"与"饑"合并,"才"与"纔"合并,"娘"与"孃"合并,等等,一字而兼两三字之职,确实可以使汉字在字数上得到大大精简。

第二节 声 化

假如造字不借助于声音,一事一形地造下去,将是永无休止的事情,而且语言中很多无形可象、无意可会的词,也无法加以记录。为了有效地记录语言,文字之借助声音是势在必行的,起初是借用现成文字符号的语音去记录新词,接着是在借用符号上加注与新词汇有关的义符而创立形声字,再往后就是改造现有符号以增强文字的表达功能,文字就是这样一步步地沿着声化的趋势向前发展的。

声化的第一个表现是假借的普遍使用。假借虽然起初只是偶然的同音顶替,但它的出现,使表意文字的形体摆脱了字义的束缚而作为一种纯粹的音符来使用,在文字记录语言方面迈出了关键的一步。假借一产生,便显示了它的极大的优越性,不但可以少造很多字，而且语言中那些无形可象、无意可会的词，也有了依托，文字符号记录完整的句子才成为可能。文字记录语言的能力迅速提高，假借字能够很快扩展就十分自然了。

在商代甲骨文中，不但最常见的干支字全是假借字，而且否定词、代词以及人名、地名、国名一类专有名词也全是假借字。在十多万片甲骨的数十万条刻辞中，几乎无一不带假借字的。据吉林大学教授姚孝遂先生统计，在所有甲骨刻辞中，假借字所占比例在70％左右，汉字的声化趋势，于此可见。

当然，假借也不能无限制地发展下去，由于汉语以单音节词为主，大量的词汇挤在有限的音节之内，同音词本来就很多；假借的结果，更使一字身兼数职，势必造成混乱，这样，假借发展到一定程度就要受到节制，这也是很自然的。不过，假借为形声字的大量产生打下了基础，所以，假借的节制并不意味着声化趋势的减弱，相反地，它意味着声化现象将以更高级的形式向前发展。

声化的第二个表现是形声字的创造和大量增加。为了解决同音词与假借字的矛盾而在假借字上面加义符以示区别，是形声字形成的简便途径。例如，甲骨文的"祀"、"祐（佑）"、"䕛（麓）"、"贞"四字，都是先经过借"巳"、"又"、"录"、"鼎"四字表达的阶段，然后才加注义符造成形声字的。

巳	又	录	鼎
祀	祐	䕛	贞

第五章 汉字发展变化的内部规律

　　同音词与假借字的矛盾解决了，声化字的地位得到巩固，形声字就大量增加起来了。关于形声字的发展速度，我们可以"言"旁字为例作一比较说明。西周金文与甲骨文相比，所增"言"旁字共22个，其中形声字有14个（主要据《金文编》与《甲骨文编》比较而得），约占64%；而春秋战国时期的"言"旁字则比西周金文增加了51个（据《金文编》与《古文字类编》综合统计），其中除了少数几个会意字外，46个是形声字，占90%。

　　声化的第三个表现是纯表意字向形声的转化。形声字既可标音，又能区别字义，颇能与汉语的特点相适应，符合人们记录汉语的要求，因此，它产生以后，很快便占尽了优势，不但甲骨文之后出现的大部分是形声字，而且原有的不少象形字、指事字、会意字，也都逐渐向形声方向转化。

　　有的是在表意字的基础上加注声符，例如，"鸡"、"凤"、"齿"、"罔"（"从网、亡声"，后来繁化为"網"）、"星"等字，原先都是实物的象形，"禽"本来象捕鸟兽的器物，"耤"字本来是人持耒翻土的形象，"宝"字本来以屋内有贝、玉会意，后来都分别注上声符成为形声字。

| 鸡 | 凤 | 齿 | 罔 | 星 | 禽 | 耤 | 宝 |

　　有的则索性将原来的纯表意字废掉，而另造一个形声结构的新字。例如，"薶（埋）"字本象将牛或羊、犬埋入土中，"沉"字本象沉牛或羊于河中，后都分别改为"从艹、貍声"与"从

水、尤声"的形声字；"晕"字本象日旁云气旋转，"闻"字本象跪着的人以手掩口而特张其耳，后也分别改为"从日、军声"与"从耳、门声"的形声字了；"箙"字本象箭囊，"裘"字本象皮衣，"麂"字本象小鹿形，"虹"字本象彩虹，后来也都另造形声字了。

蕴	沉	晕	闻	箙	裘	麂	虹

当然，在汉字发展史上，也出现过因简化目的而用会意字代替形声字的现象，除前面提到的"床、闩、灶、泪"等字外，还可以举出以"阳"代"陽"，以"阴"代"陰"，以"岩"代"巖"等一些例子。但是，在整个汉字发展过程中，是极个别的现象。形声字所占的比重，由甲骨文时代的28%（据《甲骨文编》统计）增加到金文时代的50%（据《金文编》统计）、小篆时代的80%（据《说文解字》统计）以及现代汉字的90%以上。足见汉字确实有着很强的表音趋势。

第三节 规范化

汉字的发展变化，自古至今都一直没有停止过，虽然变化的总体都是朝简化、声化方面发展，但由于变化一般都从偶然的、个别的、无规则的变革开始，你变你的字形，我变我的写法，异体字很自然地就会大量涌现出来，这对于高效地发挥文字在社会交际中的作用,是极其不利的,因此,人们对汉字规范化的要求,就日益突出了。不是政府集中统一领导的,就是群众中自发进行的,每隔一定时期,就必然会对异体繁多的现象进行一次清理。规范化工作一般主要从下述几个方面进行。

(一)偏旁形体的划一

偏旁是构成汉字的基本部件,其形体的划一,是汉字规范化的基础,历来都受到人们的重视。由于汉字偏旁多为象形字,而形象的描写又是可详可略、可正可侧的,一些偏旁会有五花八门的写法,是一点也不奇怪的。不过,异体繁多无论对学习还是使用都是一种负担,设法将它们的写法固定下来,是自然的趋势。例如,"车"字,前四个形体均见于甲骨文,但到了西周金文中即基本统一为后面的两种形体,而到了春秋战国时期则末一形体占了绝对优势,小篆以后便绝对统一于最末一形了。

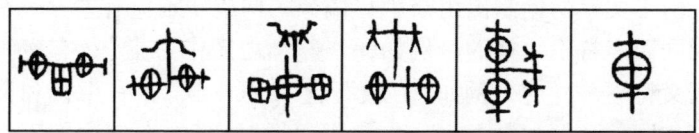

又如,"马"字,上排前六形均见于甲骨文,西周则趋于统一(第七形),而春秋战国写法又开始变得复杂多样(下排前六形),小篆则又全部统一于最后一形,并且得到较长时间的稳定,至隶书、楷书才又逐步变化。

偏旁形体的划一，一般以简化为准则，像"马"字一类因考虑匀称美观而弃简用繁的，当然属于少数。

（二）偏旁构成的划一

由于文字的创制出由众手，偏旁的构成便难免有差异。有义符相同而声符不一样的，例如，"齌"之又作"齍"；有声符相同而义符不一样的，例如，"救"之又作"䇧"；有声符和义符都不相同的，例如，"数"之又作"䉆"；还有造字法都不一样的，例如，"灾"之又作"灾"。如果不将它们划一起来，自然也会给人们的学习和使用带来困难，所以，秦代便对它们作了划一的规定，后世也都基本统一作"齌、救、数、灾"了。

（三）偏旁位置的划一

古代文字书写的形式比较自由，偏旁的位置很不固定，不仅并列的偏旁可以左右移位（如，"好"、"取"），而且重叠与并列的形式亦往往可以变异（如，"柳"、"楚"），甚至可以内外移动（如，"被"）。秦代对它们作划一的规定，后世也都基本统一作"好、取、柳、楚、被"了。

偏旁位置不划一造成的异体字，对人们学习和使用汉字自然也会造成影响，对它们加以整理划一，当然符合人们的愿望和要

第五章 汉字发展变化的内部规律 ·123·

好	取	柳	楚	被

求。这一工作在秦始皇"书同文"时已经重视，历代都在进行，而以新中国成立后文化部与文字改革委员会的工作最见成效。事实上，汉字的规范主要在废除异体，使汉字在数量上得到大大的精简，这不但减轻了人们学习汉字的负担，而且可以减少汉字使用上的混乱，对文字功能的充分发挥大有好处。

第四节 讹 变

前面讲的简化、声化、规范化，都属于文字的正常演变，而讹变则是一种特殊的演变现象。所谓讹变，是指文字演变过程中，由于使用文字的人误解了某些字的字形与原义的关系，而将这些字的某些部件误写成与它意义不同的其他部件，以至造成字形结构上的错误的现象。它与将一个字完全误写成另一个字的那种"写错字"不同，它发生错误的只是字中的某些部件，就一个字的整体来说，并不跟别的字相混淆，因此，可以作为这个字的异体存在。讹变字实际上就是发生了讹误变化的异体字。值得注意的是，虽然讹变都从偶然的讹误开始，但讹变形体除极个别仅只昙花一现之外，大多数都反复出现多次，有的作为与正体并行的异体存在,有的还取代了正体的地位,使原来的正体反而变为异体甚至归于消灭。这些讹变形体所以能够"积非成是",自然有着复杂的原因,归纳起来,大概有下面几种。

(一)因简省造成的讹变

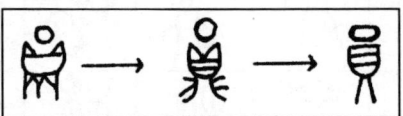

"员"字,是"圆"的初文,甲骨文和金文都由一个圆圈与一个鼎组成,圆圈即表示鼎口的圆状,春秋战国时期开始省"鼎"为"贝",为小篆所本,贝无圆象,自然就失去了会意的意思了。

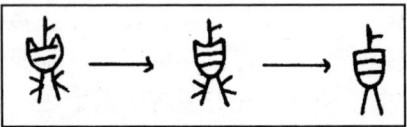

"贞"字,原来是"从卜、鼎声"的形声字,战国以后省"鼎"为"贝",失去了标音作用,形声结构便看不出来了。

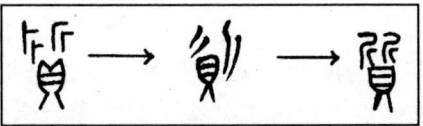

"质"字,本来是"从贝、折声"的形声字,春秋战国时期常有用两短横作标志省去字中部件的习惯,声符"折"的左旁长期被两短横作省体标志简化,写全形时已经记不起省的是什么形体,误作重文符号处理,就变成了难以理解的两个斤。

（二）因偏旁同化造成的讹变

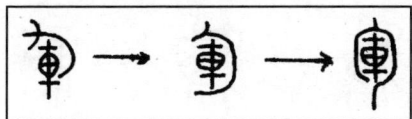

"军"字，金文"从车、㔾（'旬'的初文）声"，由于小篆已没有"㔾"这一偏旁，因此同化为"甲"（像人曲形，即有所包裹的"包"），声符就看不出来了，与之一样同化的还有"勾"和"询"等。

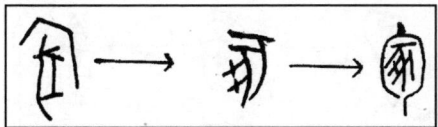

"冢"字，甲骨文、金文从"冖"（与像依山崖建造的房屋"厂"相似而略异，侯马盟书作"丁"）、从"豕"，"冖"当是埋豕的土堆，小篆同化为"甲"，从字形上就看不出冢墓的意义了。

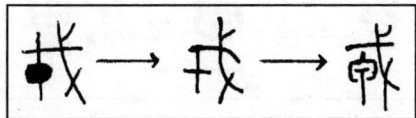

"戎"字，从金文形体可以清楚地看出，从"戈"、从"盾"（盾的象形），由戈这一进攻性武器与盾这一防御性武器会兵戎之意，《说文解字》误认为所从之"盾"是"甲"字的古写，便将小篆字形改换成"戎"了。

（三）因受汉字表音化趋势影响而造成的讹变

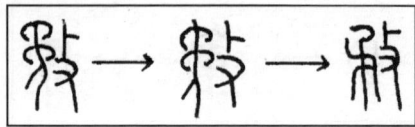

"敄"字，商末金文以手持棍打击戴羊角帽的人，会欺侮之意，西周金文把人形拉直，就有些像"矛"了，而"矛"（明母，幽部）的读音与"敄"（微母，幽部）相近（幽部叠韵，微明上古同纽），小篆便将戴羊角帽的人讹为声符"矛"。

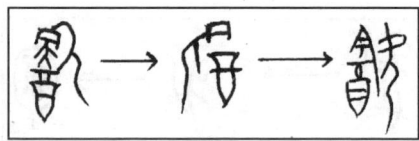

"饮"字，像人俯首吐舌捧樽就饮之形，因为"饮"（影母，侵部）的读音与"今"（见母，侵部）相近（侵部叠韵，影、见喉牙邻纽），而张口吐舌的部分又与"今"字形近，战国金文即已讹为声符"今"了。

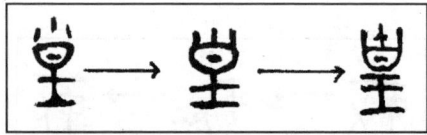

"皇"字，下部是一盏灯，上部的三点，即像灯火辉煌之状，因为"皇"（匣母，阳部）字又与"王"（喻三，阳部）字音近（阳部叠韵，喻三上古归匣），而灯座跟"王"字形近，便讹为声符"王"了。

（四）因割裂图画式结构造成的讹变

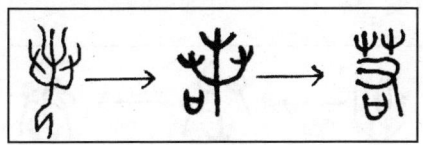

"若"字，甲骨文像人举手跽足，表示应诺时巽顺之状，金文增"口"作第二形，人形已不明显了，小篆割裂字形以就方块整齐时，便误把两手讹成"艹"，把带长发的人形讹成"又"。

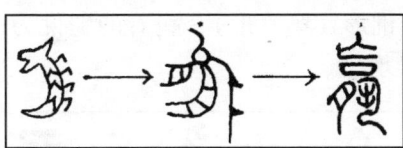

"蠃"字，"蠃"的初文，是蜗牛（陆生）、螺（水生）之类动物的象形，甲骨文、金文都十分形象，小篆却将像螺壳的部分讹为"亾"（"亡"字下面加一个圈），虫嘴变成了"肉"旁，虫身变作"㕻"（像一个人伸出两手有所执持的样子），便看不出原来的模样，以至许慎也没有把握，只好释为"或曰：'兽名，象形'。阙。"

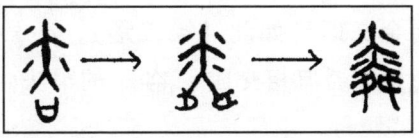

"粦"字，最早见于金文，主体是"大"（像正立人形）字，或突出双脚表明在跳跃，字旁的几点取义不明，小篆却将表人形的"大"字割裂为二，并分别与旁边的小点连成两个"火"字，以至许慎以为"从炎、从舛"，解为鬼火。

（五）因一个字内相邻部件的笔画相交形成与别的偏旁相似的形象造成的讹变

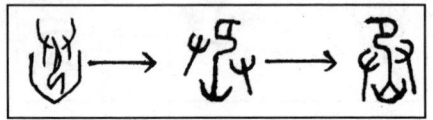

"丞"字，"拯"的初文，正是用双手把陷在阱中的人打救出来的形象，书写时很容易把跪着的人的腿与阱坑相连，从而成为与"山"字相似的形体，战国时期的高奴铜权已写得像山形了，小篆即沿袭讹形（第三形），跪着的腿讹为山峰，以至许慎误解为"山高奉承"。

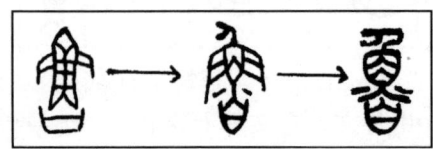

"鲁"字，甲骨文及早期金文都写作"口"形上面加一条鱼，这个"口"不是说话的"口"，而是一种有大口的器皿的代表，并不像小篆那样从"白"（像"白"字），但在传写过程中表鱼尾的人形与表器皿的"ㅂ"形往往容易交接在一起成为"白"形，晚周金文即已如此（第二形），小篆则既写鱼的全形，又接受了鱼尾与器皿相交成"白"的写法，当然属于讹变现象。

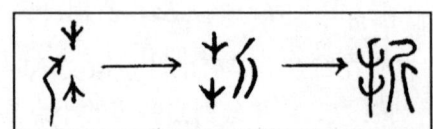

"折断"之"折"字，甲骨文是以斧斤砍断树木的形象，金

文已将断木讹为两棵草,小篆更是将两棵草误连为"手",隶书、楷书一直沿用下来。

(六)因装饰性笔画造成的讹变

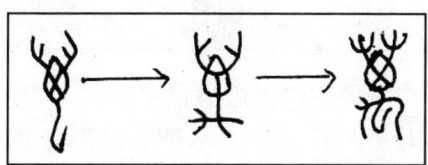

"万"字,本是蝎子的象形,后加饰笔成为第二形的样子,小篆更是求匀称写成第三形,蝎头还好说,蝎身却变得复杂了,许慎不明底细,遂解为"兽足蹂地"。

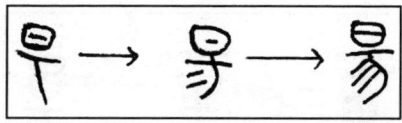

"易"字,甲骨文从"日",下面是一个像"丁"字的形体,本是太阳初升的形象。金文在"丁"形左旁加饰笔,饰笔与"丁"形的斜竖相连,便与"勿"字形近了,到了小篆,被分析为"从日一勿"就一点也不奇怪了。

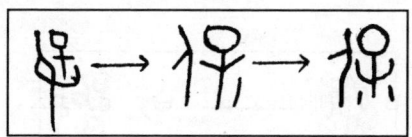

"保"字,甲骨文像人背小孩之形,西周金文将背小孩之手与人体分割开,春秋金文为了平衡而在"子"字的左侧再加一笔,那就不好解释了。

（七）以文字形体附会变化了的字义造成的讹变

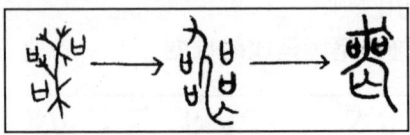

"丧"字，在一棵桑树旁边加很多个"口"，众口表示喧哗之义，"桑"则是声符，是"从叩、桑声"的形声字，声符"桑"在甲骨文中已经有很多变异，金文变化更多，已逐渐看不出"桑"的原型，像第二形那样，中间的树干已经有些像犬，跟旁边的"口"连在一起，便有些像"哭"字，小篆便以字形附会哭丧之义而变成"从哭、从亡会意，亡亦声"。

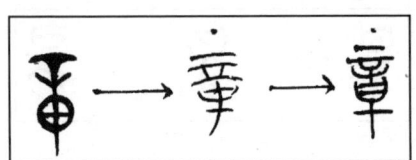

"章"字，"璋"的初文，早期金文像表刀具的"辛"贯穿表玉器的圆形符号，楚简在竖笔上加饰笔并将圆形讹为"口"，小篆便将字形附会为当时的常用义"乐竟为一章"，将字形分析为"从音、从十"。

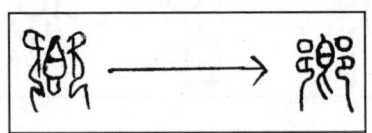

"乡"字，甲骨文、金文都以两人相向，面对食器而坐会意，可以表宴飨，也可以表相向，还可以会乡人共食之意，杨宽说是氏族时期用来指那些共同饮食的氏族聚落。"乡村"的"乡"，"宴飨"的"飨"，"卿士"的"卿"乃一字之分化，但

作"乡邑"的"乡"用时,便用乡邑的意义相附会,原字形的口变成了表城邑的"囗",坐着张口的人也就变成了"邑"字。

(八) 因时代写刻条件和习惯影响造成的讹变

"屯"字,从甲骨文可以清楚地看到,那是一副牛肩胛骨对合的形状,金文误将对合的空隙当作肥笔的空廓,把它填实作第二形的模样,就丝毫看不出两骨对合的样子,逐渐演化,就成为"从中贯一"的"屯"了。

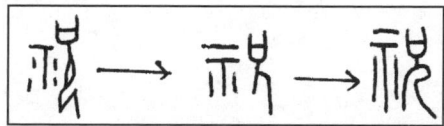

"祝"字,甲骨文左边的"示"代表神主,右边一个跪着的人上面加一个口,表示跪于神主前有所祷告之意,金文中这种跪着的形象慢慢拉直,就变得与"兄"字形近,小篆讹为"从示、从兄",就不好解释了。

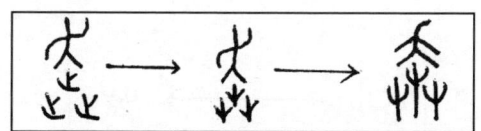

"奔"字,上部是两臂摆动着跑步的人形,下部三个代表脚的"止",以三步并作两步走表示奔跑,西周中晚期金文已把"止"讹为"屮",三止变成了"卉",《说文解字》更是把跑步的人变成了"夭",把"卉"说成是"贲"省声,就无法从原来的意义去理解了。

当然，以上种种，都只是对讹变情形的大致分类，而且它实际上是以偏旁为单位的，一个字的讹变，往往是几种类型的综合，所以，分析时还要将几种类型结合起来看。

另外，以上分析表明，讹变尽管复杂，但都离不开简化、声化、规范化的制约，例如，第一类的简省和第二类的偏旁同化，实际上都是简化汉字的手段，第三类是音化趋势影响造成的，第四类、第五类、第六类、第七类、第八类实际上都是围绕规范化进行的。

第六章　汉字形体的变迁

前面提到，汉字发展至今，起码已有五六千年的历史。几千年来，汉字都在不断发展变化，若论甲骨文以前的情况，我们囿于现有条件未能了解得十分详细，但就甲骨文以后的情况看，汉字形体的变迁，确实是经常的、不断的，但同时又是分阶段进行着的。商代的甲骨文、西周的金文、春秋战国时期的石刻和简帛以及秦代的小篆、汉代的隶书、汉以后的楷书、行书、草书等，各自都有其鲜明的特征，它们相互间的明显差别，就是汉字形体变化发展阶段性的最好说明。这一章当中，我们将就汉字形体变化各阶段的主要特征，做一些简略的介绍。

第一节　以甲骨文为代表的商代文字

一、甲骨文概说

商代的甲骨文（图一），是我们目前所能见到的、形成体系的汉字中最古老的一种，它是以字写、刻在龟甲或兽骨上而得名的。由于所见以契刻的为多，因此亦称"契文"；又由于它的出土地是河南省安阳市郊区的小屯村一带——历史上叫作"殷墟"的地方，因此，也有把它称作"殷墟文字"的；此外，由于它的内容多是占卜记事一类的东西，所以，还有"卜辞"或"殷墟卜辞"的名称。

图一　商代的甲骨文

第六章 汉字形体的变迁 ·135·

殷墟出土的甲骨，都是第二十个商王盘庚到末代商王帝辛（即纣王）时期的遗物。商王几乎遇事都必占卜，因此，甲骨所记内容，上至天文星象，下至人间琐事，无所不包，极为丰富。它们埋在地下三千多年，直到1899年才被重新发现，一直没有经过任何人的篡改或加工，无论文字形体抑或所记内容，均能保留商时的本来面目，是最为可靠的商代史料。前后出土的甲骨共十多万片，整理出不重复的单字4 600多，能够用楷书形式写定下来的有1 700左右，而能够从后世字书中找到、能确切明了其形、音、义的，则不到1 000① 个。有待我们进一步研究的东西还有很多。

二、甲骨文的特点

谈到商代甲骨文，首先要强调的一点是，它已经是相当成熟的文字体系。

首先，甲骨文所见不重复的4 600多单字，肯定还不是当时使用的文字的全部，规模这样庞大的一个文字系统，绝不可能是原始的文字系统。

其次，汉人总结的汉字造字法——六书条例，除转注外，都已相当发达。例如：

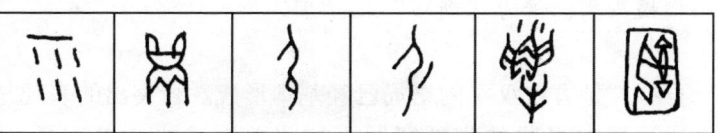

第一个字是"雨"字，是下雨情景的形象写照。

第二个字是"甗"字，是甗（上甑下鬲）这种炊具的象形。

---

① 有关统计数字，主要依据《甲骨文编》。

第三个字是"膝"的形象初文,是在"人"这一象形字的基础上,在所指部位加上标志构成的指事字。

第四个字是"臀"字的形象初文,也是在"人"这一象形字的基础上,在所指部位加上标志构成的指事字。

第五个字是"解"字,以双手将牛角卸下来会分解、分割之意。

第六个字是"囹"字,以用方框将两手被铐起来的罪犯困住示监狱之意。

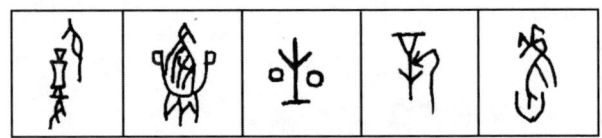

第一个字是"腹"的异体字,"从身、复声"。

第二个字是"镬"字,"从鼎、隻声"。

第三个字是"星"字,旁边的两"○"代表星星,再以"生"为声符。

第四个字是"新"字,"从斤、辛声"。本指砍伐树木,是"薪"的初文,借为"新旧"之"新"。

第五个字是"舊"字,"从萑、臼声"。本为鸟名,指猫头鹰,借为"新旧"之"旧"。

再有,是方块汉字的格局已经基本形成。最突出的表现是甲骨文描写横向事物的字的竖写,如前面讲过的"犬、豕、象、马、兕、虎、龟、鱼"等字就是典型的例子。再如:

第一个字是"家"字，是屋子里面有一只公猪，《说文解字》认为是"豭"省声，甲骨文的"㒶"正是"豭"的初文，既示家中所有，亦表音读，当是会意兼声字。小篆从"宀"、从"豕"，确是"豭"之省。从方块布局出发，将"豕"竖放了。

第二个字是"宿"字，以屋子里一个人躺在簟席之上会止宿之意。与屋子的相对关系而言，簟原本应该是横放的，人也应该是横卧的，但从方块布局出发，将它们都竖放了。

第三个字是"疾"的初文，以一个人躺在床上冒汗会意。从方块布局出发，将床和人都竖放了。

第四个字是"梦"字，以人躺在床上睡觉而张目舞手会意，也将床和人竖放了。

第五个字是"舟"字，本来是横放的，也被竖放了。

这些都是甲骨文成熟的很好证明，而要达到这样的成熟程度，不经过较长的发展时间是不可能的；在它之前，文字已有相当长的历史，也是可以肯定的。

尽管如此，甲骨文毕竟是离原始文字较近的字体，与后世文字相比，自然会保留不少早期文字的特征。

第一，象形成分仍相当重，会意字主要是靠部件间的图画式组合来表意的，偏旁观念还比较薄弱。

前面我们举过的象形字都取自甲骨文，事实上，除了象形字之外，甲骨文中的指事字、会意字，甚至形声字的构件都会有很强的图绘性，这是甲骨文相对于后世文字来讲比较突出的特征。

至于图画式组合表意、偏旁观念薄弱的问题，前面讲过的

"毓"字就很能说明。它以子在母之臀下来表达生育之意,其主要的表意部分是子在臀下,只要这一组合方式不变,则主体之从"母"、从"女"、从"人",子之顺出、逆出都无所谓。例如:

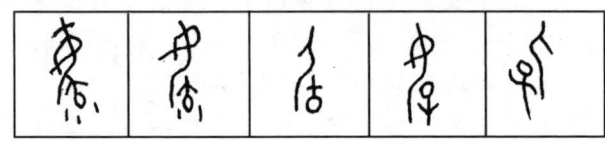

但如果变换一下部件的位置,把第五形的"子"向右移至与"人"相齐的地方,就会变成"仔"字,把第四形的"子"字向左移至与"女"相齐的地方,就会变成"好"字。显然,这与后来的偏旁组合是很不相同的。

第二,构字方式多样,字形很不固定。

在谈论汉字形符多体性的时候,我们曾经指出,在早期文字中,象形字的描写,或正或侧,或繁或简,略无一定。其中所举字例,大多都是甲骨文的。在甲骨文中,有的字不但繁简迥异,而且标声与不标声的混作,例如,"凤"字。

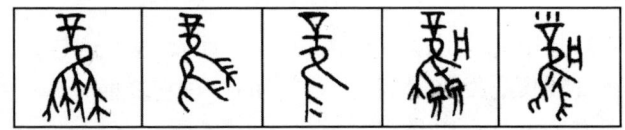

前三形为繁简不同的象形字,后两形却加声符"凡"而作形声,就是一个很好的说明。

而会意字以至形声字的偏旁构成也很不固定,字内形符的组合情形有着比较灵活的变化,部件的增删与变换都十分随便。

有相同形符的随意增减。例如:

"从"字以人的前后相随会意,两人相随是"从",三人相随甚至更多的人相随也是"从",所以增减就比较随便了,"有从雨"可以写作"有 雨";日下三人的"众",也可以写作日

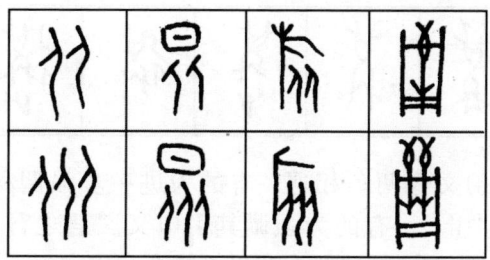

下两人之形;一人举旗行进,一人后面相随的"旅"字,也可以写作一人举旗前进,两人在后相随;表箭袋子的"箙",袋子里装的箭矢可以是一支,也可以是两支甚至三支(见金文),等等。

再如:

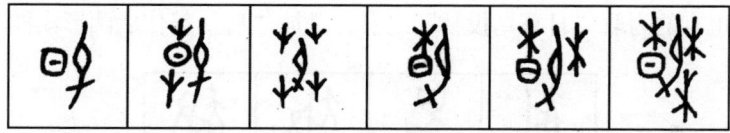

"春"字以"屯"为声符,而以春和日暖,万物滋生表意。代表万物滋生的草木可多可少,所以可以写作从一屮(或一木),也可以写作从二屮、三屮(或二木、三木)。

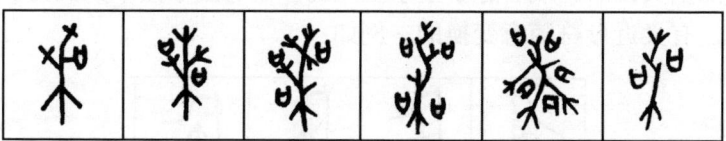

"丧"字以"桑"为声符,而以众口哀号表意。这个"众口"也是可多可少的,因此可以写作从一口,也可以写作从二口,从三口或者从四口、五口。

有相关形符的随意增减。例如:

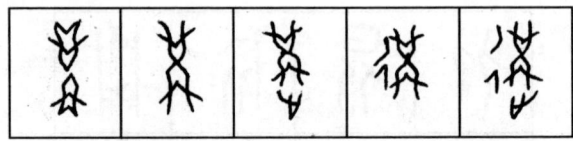

"遘",初文像两鱼相遇,有的为进一步强调相遇的动作,增表动象的"止";有的为强调其引申义"遇之行道"而增加"彳"符;有的兼取上述两个意思而综合写成"辵"。

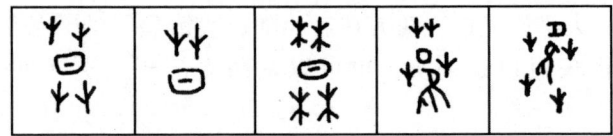

"莫",暮的初文。一般写作太阳落入草(或树)丛中会意,但也有的为取"日暮鸟投林"之意,增加"鸟"符作后两形模样。

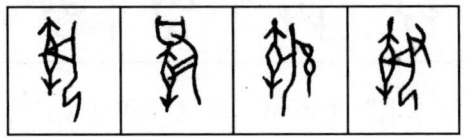

"执",像两手被手铐紧锁之形。一般以手铐铐人会意,也有加上头枷的,或者脖子上系上绳的,还有用手按下其头的。

有义近形符随意变换的。例如:

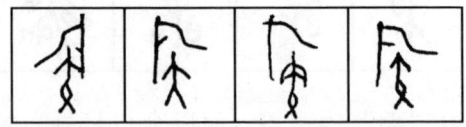

"族",以人立旗下会意,最常见的形体是像交胫站立的人的"交",亦可以简化作一般的正立人形,也可以稍繁以突出形象。还有讹"交"为"矢"的。

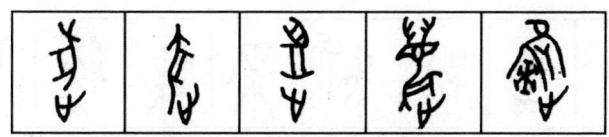

"逐",追逐野兽的行动。因为所逐不限于何种野兽,所以既可从"豕",也可从"犬",还可以从"兔"、从"鹿"、从"夔"等。

有以不同取意角度随意变换形符的。例如:

"阱",为挖阱陷鹿与麋一类动物的一种狩猎方法,其描写鹿、麋即将陷落的可以从"井"(前二形),描写其已经陷落的则可以从"凵"(后三形)。

| 妫(嘉) | 疾 |

"妫(嘉)",妇人分娩,生得男为妫(嘉),生得女为不妫(嘉)。强调男婴为母亲所生,可以从"女",若强调所生婴孩为男性,则可从"子"。

"疾",甲骨文有两种形体,前者以人躺在床上冒汗会意,后者以人着箭矢会意,原先或许有兵伤与生病之别,但甲骨文已混用,把它理解为以不同取意角度变换形符也可说得过去。

第三,书写形式十分自由,有反书,例如,"臣、好"两字;有倒书,例如,"帝、侯"两字。

臣	好	帝	侯

有些字是合文与析书并见，例如，"三千"、"五十"、"十二月"、"小采"四文为合文，后面的"五十"、"十二月"两文为析书。

三千	五十	十二月	小采	五十	十二月

第四，由于刀刻难于填实，遇有肥笔，多以钩外廓表示，且多以横直线条代弧曲线，例如，"丁、天、王、土"等，与同期金文相比，形成鲜明的对比（表中前一文为金文，后一文为甲骨文）。

丁	天	王	土

第五，甲骨文中，假借字已大量使用，形声字亦已产生，不过，整体上仍以象形字、会意字占绝大多数，形声字所占比例，顶多不过28%。

除甲骨文外，商代尚有金文、陶文和石刻文。不过，陶文、石刻文留下来的字并不多，金文亦以一至五六字为常见，最长的也未超过50字，所以，谈商代文字，一般都以甲骨文为代表。

第二节　以金文为代表的西周文字

一、金文概说

周初也有甲骨文，但出土不多，较集中的是1977年陕西岐山凤雏村所出的一批，大抵是西周文王至康王期间的遗物，虽然也很有史料价值，但有字的甲骨还不到300片，字的总数在600左右，而且字都很小，往往要用高倍放大镜才能看得清楚。要谈西周文字，无论从数量上或者代表性上讲，都远远比不上金文那么有价值。

金文是"吉金文字"的简称，主要指铸（或刻）在铜器上的文字，因为古代称铜为金，所以把铜器上的文字称为金文（图二）。由于古铜器中乐器的钟体型最大，礼器中的鼎数量最多，因此，也有人用钟和鼎来作古铜器的代表，并把这些铜器上的文字叫作"钟鼎文"。

汉代开始，古铜器便时有出土，但真正引起对金文重视的，还是宋代以后，尤其是清代的乾嘉以后。金文通行的时间比较长，从商末直至战国；出土地也比较广，商器多出于河南，西周器多出于陕西，列国器则出于各国所在地，如齐器出山东，燕器出河北，晋器出山西，楚器出两湖，吴越器出江浙，等等。先后出土的有铭铜器超过一万件，篇幅较长、史料价值较高的铭文，主要集中在西周，最长的是毛公鼎铭，多至497字，而100字以上的铭文，就十分普遍了。它们不仅内容丰富，而且记事具体，向来都为史学界所重视。目前整理出不重复的单字将近4 000个字，已经认识的有2 500个字左右，人们对金文的认识水平，较甲骨文要高出很多。

图二　西周金文

二、金文的特点

与商代甲骨文相比,西周金文已经有了较大的进步,其特点表现在以下几个方面。

(一)图绘成分逐渐减弱,方块结构趋于稳定,偏旁意识日益增强

金文用范铸,在泥模上加工比在坚硬的甲骨上刻画肯定要得心应手,要圆得圆,要方得方,要肥得肥,要瘦得瘦,没有甲骨遇肥笔要钩空廓、弧曲线条要用方折线条代替的那种麻烦,所以,商末乃至周初的铭文图绘成分还是比较重的,有的甚至超过甲骨文。但是,从甲骨文与商末金文、西周早期及中晚期金文的实际情况分析看,不仅甲骨文到西周金文,而且西周金文内部,都贯穿着一个图绘性的逐渐减弱,方块结构的逐渐稳定,偏旁意识的逐渐增强的渐进的动态发展过程。图绘成分的减弱主要表现在以下方面。

首先,表现在肥笔的线条化。例如:

王				
正				
午				

第一行是"王"字,第二行是"正"字,第三行是"午"字,每行的第一字为商末金文,第二字为周初金文,第三字、第

四字为西周中晚期金文，肥笔线条化的渐进过程是十分清楚的。

其次，表现在弧曲线条平直化。由于范铸便于表现各种线条形象，所以，早期金文的象形字可以自如的"随体诘屈"，留下许多的弧曲线条。这些弧曲线条也许有一定的美观装饰作用，但对书写使用者来讲，是很不方便的，因此，在西周金文中，把这些弧曲线条拉直的做法是相当明显的，它对于汉字形体演变的影响也是非常之大的。例如：

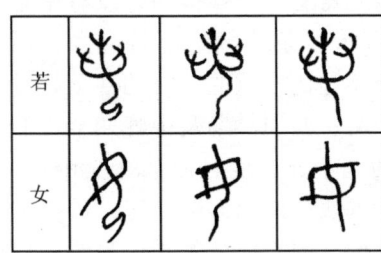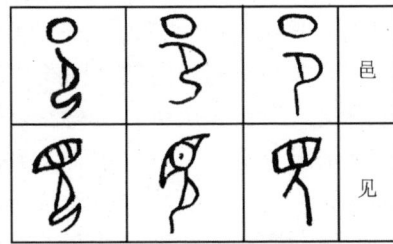

左边第一行是"若"字，第二行是"女"字，右边第一行是"邑"字，第二行是"见"字，四个字的排列也依次是商末金文、周初金文、西周中晚期金文，弧曲线条平直化的渐进过程也是十分清楚的。

弧曲线条一经拉直，原来跪跽状的人形就看不出来了，例如，"女"字，甲骨文一定要两手交叉在前，如果将两手放后，就会变成另外一个字。例如：

| 如 | 讯 | 讯 |

前边的两个甲骨文字，都由"口"旁跟一跪着的人形组合

而成,而前者是"如"字,"女"字两手在前;后者是"审讯"之"讯",是两手反缚在后的俘虏形象。金文将弧曲线条拉直后,就再难区分手之在前在后了,而这种区别特征的消失,导致了"讯"字对这一形体的放弃,而使较繁的一体(第三形)在金文中得以保留下来(后两形)。再如:

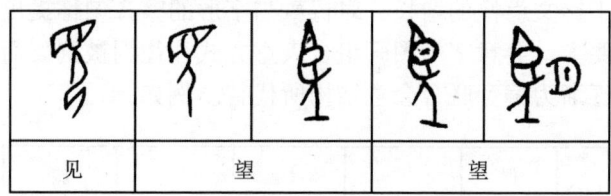

上面这两个从"目"的甲骨文字,前者是"见"字,后者是"眺望"之"望",两字的区别,即在人形的跪与立,而金文将弧曲线条拉直后,这种区别特征也消失了,"望"字只好放弃这一形体,采用从臣(第三形为甲骨文,后两形为金文)的形体。

应该指出的是,甲骨文当中也有用线条钩空廓表现肥笔和将弧曲线条拉直的迹象,但那是被动的,而西周金文却是主动的、自觉的,两者有很大的不同。

再次,表现在形象描写的符号化。例如:

字体\字例	雨	豕	象	马
金文				
甲骨文				

"雨"字已经没有商代甲骨文的那种雨点下落的动感(上面一行为金文,下面一行为甲骨文),"豕"字看不出大腹垂尾的

形象，"象"字也不像商代甲骨文那样一目了然，"马"字颈上的鬃甚至插到眼睛上去了。

人们越来越意识到，文字只是一种符号，描写大可简化而不必过分逼真，也就不再注重其描绘与实物是否相符了。

此外，图绘成分的减弱还表现为图画式组合的割裂。

由于铭文篇幅的增长，对行款与字形的整齐匀称提出了越来越高的要求，会意字的图画组合表意方式往往因被割裂而受到破坏，而逐渐为偏旁联合会意结构所代替。例如：

字例 字体	保	闻	毓	好	旅
金文					
甲骨文					

"保"字的托子之手已从人体上分离出来；"闻"字的耳亦与人体相割裂；"毓"字只求从"女"、从"去"，而不必将子放在臀下；"好"字只求从"女"、从"子"，而不必女面向子；"旅"字只求从"扩"、从"从"，而不一定作举旗行进姿态，图绘性明显减弱，偏旁意识已经大大增强了。

最后，图绘成分的减弱还表现为行款的日趋整齐，方块结构形式更趋稳定。

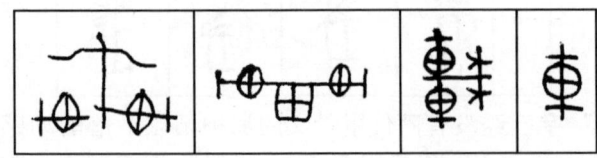

上图四个都是"车"字。前两形为甲骨文,后两形为金文,甲骨文显然横占面积过大,金文便竖起来写,以利行款的整齐。

上图前两个是"黾"字,后两个是"彙"字,前面的是甲骨文,显然竖占面积太长,金文就将黾腿张开,将鹵及泉穿插其中,将字形压扁,以利于行款布置。

此外,甲骨文"合文"相当普遍(《甲骨文编》所收即有371个,《金文编》所收则只有64个),既有上下合文,又有左右合文者。左右合文横占面积较大,极不利于行款布置,所以,金文取消左右合文结合式,仅留上下结合式及兼体式两种,都是考虑有利方块结构的表现。

以上种种迹象表明,金文的方块化确实比甲骨文更成熟、更稳定了。

(二) 构字方式日趋统一,字形日益固定

前面谈到,多体性是汉字形符尤其是早期汉字形符的一大特征,这在甲骨文中即有突出表现,而到西周金文,则已开始渐趋统一了。

首先是基本构件的形体统一。

甲骨文中代表旗帜的"㫃"字,有繁有简,有左飘有右飘(字形见第82页),到了西周金文,则基本统一作"㫃"了。

甲骨文的"东"字,即"橐"的象形初文,亦有繁有简(字形见第82页),到了西周金文,也都基本统一作"東"了。

甲骨文的"虎"字,各体繁简悬殊(字形见第 83 页),到了西周金文,也都基本统一作"𧇽"了。

可见,甲骨文中因写刻习惯与描写详略不同所造成的多体现象,在西周金文中大多为简省匀称的形体所统一而大致定型下来了。除了基本构件之外,会意字的偏旁构成渐趋稳定也是一大趋势,一些使用频率比较高、历史比较长的会意字表现得尤为突出。

"无"字,是"舞"字的初文,以两手持舞具跳舞会意,舞具亦繁简不定(字形见第 82 页),到了西周金文,亦基本统一作"𤐫"了。

"逐"字,在甲骨文中可以从"豕"、从"犬"、从"鹿"、从"兔",还可以从有屏的鸟(字形见第 141 页),但到了西周金文,都固定为从"豕"。

"莫"字,即"暮"的初文,甲骨文既可用太阳落入草丛中会意,也可以用"日暮鸟投林"会意,也有综合诸因素会意的(字形见第 140 页),但到了西周金文,也都固定为太阳落入草丛中会意。

再看下面的例子:

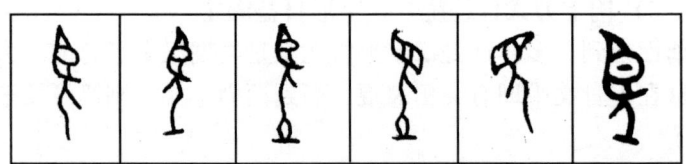

"眺望"之"望",甲骨文也是多体并见,上半部既可从竖目,也可从横目,下半部有从人的,也有人形下再加土的,甚至有在人的脚上加脚趾的,但到了西周金文,也都固定为从"臣"、从"壬"了("望"字是从"望"字分化出来的,增"月"旁专门表示"朔望"之"望",亦有将"望"字的"臣"

旁改为声旁"亡"的,那是分化字,不是"皇"的本字)。这样一来,表意既明确、笔画又简省的形体,逐渐占据了正统地位。

再如:

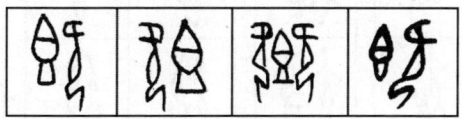

表示食毕的"既"字,甲骨文或从"旡"或从"欠",又或从双"旡","皀"旁也左右无定,金文则统一从"旡","皀"左"旡"右的安排也基本固定下来了。

此外,西周金文中书写渐趋规范也是较诸甲骨文的重大变化之一。甲骨文书写形式自由,反书、倒书多见,西周金文中虽亦有类似现象存在,但已大大减少了。特别是倒书,就《金文编》所收,只有"父、友、乍、亡"等少数几例而已。至于较常出现的反书,虽然散见于多类形符,但从下面所列表格(统计以《甲骨文编》和《金文编》为限)的比较中,我们不难看出,金文中反书出现的频率确实比甲骨文低得多,统一的趋势是十分明显的。

比项 字例	商代甲骨文		西周金文	
	正	反	正	反
	7	11	28	2
	9	9	35	3
	9	14	45	3
	44	22	68	1
	19	4	64	5

有些偏旁不仅形体规范,而且所处位置也大体规定下来了,例如,"彳"旁基本在左(如,"德"),"攴"旁基本在右(如,"效"),"止"基本朝右(如,"正"),"卩"旁基本朝左(如,

"御"),等等,确实要规范得多。

| 德 | | | | | | | 正 |
| 效 | | | | | | | 御 |

(三) 偏旁的调整、新生与分工的日渐精细

偏旁的调整首先表现为写法的调整。

金文与甲骨文的写刻条件与文字成熟程度均已不同,在西周金文中,旧的近似形符显然得到了有意识的改造。这种改造,主要是从扩大近似形符的主观区别及同化近似形符两方面进行。

1. 强化形近偏旁的区别特征

(1) 加强主观选择。

不少近似形符都有多种形体,选择差别最大的、删除差别小的,是扩大近似形符区别性的最简单易行的办法。例如,"羸"、"龙"两字,甲骨文无论单线复线,均以尾巴内卷与翻腾起伏为别,仅仅如此,区别尚不太明显,金文有意识地选取"羸"的复线形式和"龙"的单线形式,差别就突出了。其他如"矢"字删除了与"交"相近的形体,"望"字删除与"见"相近的形体,等等,即属此类。

| 羸 | | | | | | 矢 |
| 龙 | | | | | | 交 |

（2）夸张区别特征。

再近似的形符之间都是有区别的，只不过区别的特征不明显罢了。抓住近似形符的区别特征，加以主观的夸张，是扩大近似形符区别性的又一简单易行的办法。例如，"心"、"贝"二字，甲骨文中两字之别仅在前者上大下小连成一片，而后者由两扇形接合而成，很易混淆。金文着意夸大"心"的上大部分，差别就突出了。"畐"与"酉"二字为两种形近酒樽的象形，甲骨文中两字之别，仅在"畐"字瓶颈位置多一笔或瓶身位置多一个区别符号，极易相混，金文把这些区别特征都作了夸大，也就不易混淆了。其他如主要见于战国金文的将两长画夹一短画的"气"的两长画夸张为转向延伸，以扩大与三画齐平的"三"的区别，将牛尾涤器的短毛夸张为向两边竖起以扩大与笔毛下垂的"聿"的区别，即属此类。

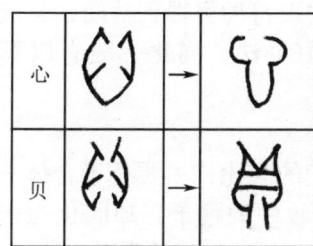
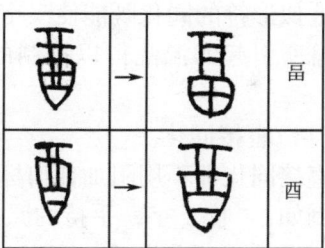

（3）增加区别符号。

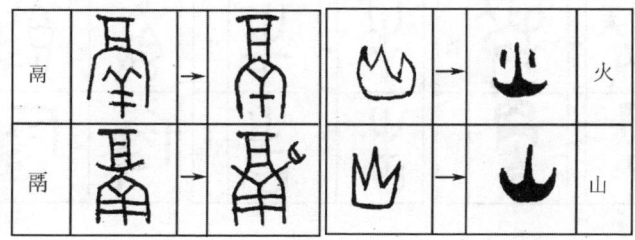

增加区别符号在甲骨文中已经使用，不过金文的区别符号更加明确，使用范围更大而已。例如，"鬲"、"䀇"两字，虽然"鬲"为独体，"䀇"由下灶上锅组成，但两个字形极易混淆，"䀇"旁加上区别标志口，区别就明显了。其他如"火"旁加点与"山"相区别，"壬"中加点而与"工"相区别，等等，即属此类。

（4）规定区别方向。

直到小篆为止，左、右两字都是靠方向区别的，不过，这种方向区别是客观事物本身存在的，不是主观规定的。从主观上对某些近似形符的放置位置做出规定，也是扩大近似形符区别性的有效措施之一。由于甲骨文中正书与反书每多无别，采用这种做法的还不多见，金文中"人"多作"㇀"，"匕"多作"𠂆"，作偏旁时尤少例外，应该算这种做法的一例。

2. 近似形符的同化

近似形符的同化既能使汉字的形符种类得到精简，又能使近似形符所引起的混乱得以控制的好办法。同化一般有以下两种类型。

（1）直接同化。

直接同化即不用附加任何标记的同化，主要见于合体字的偏旁，例如，"牧"字，手持的原是牧牛的鞭子，却同化为击物的棍子，甲骨文"告"字，所从之"屮"与"牛"字有别，金文舀鼎"牛"与"告"字之所从均同化为同一形状，等等，都是

牧	牛	段
更	告	段

直接的同化。"叚"（簋）字手之所持当为取物的匙，"叚"字手之所持当为打石的锤，而都同化为"殳"，当亦属此类。

（2）有标记的同化。

即一种形符同化为另一种形符时，需要附加某种标记，主要见于独体出现的形符。甲骨文中"鸡"字由象形字加声符"奚"而同化为"隹"是最典型的一例。西周金文中"罴"字由加区别符号"攴"而同化为"能"，也可算是有标记的同化的一例。

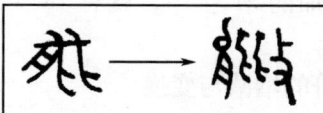

偏旁调整的另一表现为分工的调整。

商代"辵"（辶）旁的使用比较严格，像遇于行道的"遘"，自然是既可以从"止"又可以从"辵"的，但与道路无关的字，像追逐于野的"追"与"逐"，表示抽象行动意向的"武"和"歷"（历）等，就只能从"止"而不得从"辵"，但到了西周金文中，这两个偏旁似乎作了一些调整与分工，表示行走的一律从"辵"，只有表抽象行动意向的"武"、"歷"、"之"等才从"止"。

字例 字体	追	逐	进	武	历	之
甲骨文						
金文						

新生偏旁的形成与偏旁分工的日趋精细是相伴而来的，这是汉字走向成熟的一个重要表现。"走"旁从"辵"旁中分化出来，"穴"旁从"宀"旁中分化出来，"火"部与"贝"部、"门"部的成熟，"心"部的确立，"金"部的新生等都反映了人们生活的丰富、思想感情的细腻、技术的进步。

此外，金文中形声字大量产生，并开始占有优势，也是此期汉字走向成熟的又一重要表现。仅就"辶"旁字而言，西周金文比商代甲骨文增加的 21 字中，就有 18 个形声字，增长之速度，于此可见一斑。

（四）金文形符的增减与变换

甲骨文组合形符增减变换的随意性，在金文中仍然存在，不过已有所控制，并且一般都表现出较强的主观意识。例如：

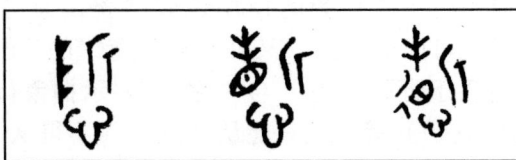

图中的几个都是金文的"哲"字。本是"从心、折声"的形声字，后两形于"从心、折声"之外尚添一目，即示心明还要眼亮之意，有明显的主观意识。

再如：

图中的几个都是金文的"釐"字，甲骨文像以手持杖打麦之形，义为福、祝福。金文除保留甲骨文字形外，尚有多种变体；强调多财多福者，从"贝"；强调居室田产者，从"里"；

强调多子多福者,从"子",也都有较强的主观意识。

(五) 新的近似形符的产生与文字讹变的扩大

金文在改造旧的近似形符方面确实做出了不少成绩,但在金文自身发展中,一些新的近似形符也在不知不觉中产生,并导致了某些讹变现象的扩大。

"人"与"卩"。在甲骨文中,"人"为侧立人形,"卩"为跪坐人形,两者区别明显。在两周金文中,随着图绘性的减弱,人的跪踞状逐渐消失,"卩"旁与"人"旁便渐见形近了,"见"字的变化过程就是一个很好的说明。

本象"跪坐神前有所祷告"的"㝃"变作从"示"、从"兄"也应属此类。

"止"与"女"。在甲骨文中,"止"为脚趾象形,"女"为双手交叉胸前的跪坐人形,两者区别显明。在两周金文中,表人体的部件不仅有跪踞状逐渐消失的趋势,而且有加写脚趾的习惯,横放的"止"与跪踞状消失的"女"便趋于形近了。"讯"字的变化过程即很能说明问题。

下面"允、艺、扬、执、夙、㝃"等字所从之"女",实际上也都是由横放的"止"讹变而来的。

此外,像"贝"与"鼎"、"止"与"又"、"廾"与"犬"等本来不相近的形符,在两周金文中变得时有混淆,也都是这方面的很好例证。

总的说来,与商代甲骨文相比,西周金文确实已前进了一大步;但是,同后世文字相比,它仍然是比较原始的,象形成分仍比较重,形体结构也未十分定型,书写形式还比较自由,形声字所占优势仍未十分突出,还算不上十分进步的文字。

第三节　春秋战国期间的各种文字

一、战国文字概说

春秋战国是我国社会由奴隶制向封建制过渡的时期,政治、经济、文化的剧烈变化,给文字的发展以深刻的影响,使文字也进入了大发展、大变革的阶段。使用文字的阶层之扩大、应用文字范围之广泛、书写形式之多样、写刻材料之丰富等,都达到了空前的程度。这一时期的文字,不像商及西周那样单纯,可分别以甲骨文、金文为代表,除了继续铸刻于铜器上的金文之外,尚有书于竹简与缣帛上的简帛文(图三)、刻于玉石上面的石刻文(图四)以及钤印在陶埴上的陶文(图五)、钱币上面的货币文(图六)、印章上面的玺印文(图七)等。《说文解字》所收的籀文,大抵属春秋时的秦系文字,与秦的石鼓文颇多相似;所收的古文,则系战国时的六国系文字,与战国简帛文多见相同。

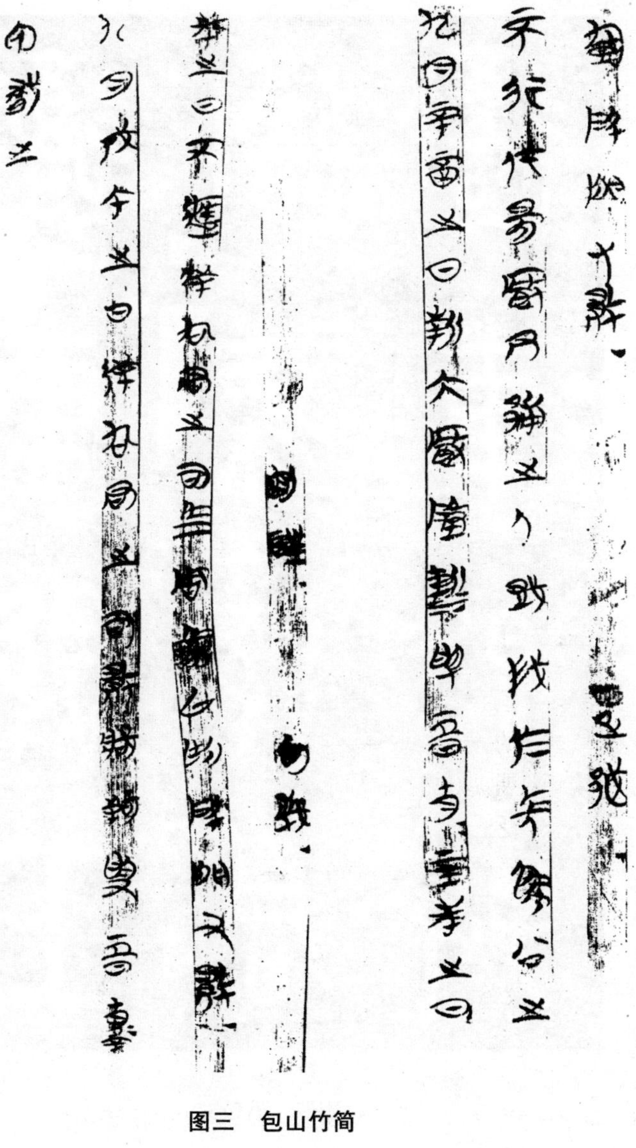

图三　包山竹简

图四　石鼓文

第六章 汉字形体的变迁

图五 古陶文

 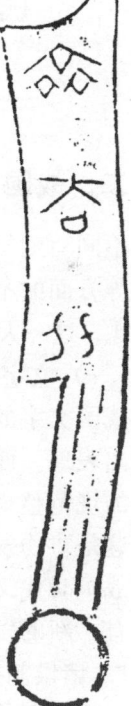

图六 货币文

·162·　汉字学简论

图七　玺印文

二、战国文字的特点

不同写刻材料上的文字,由于它们的用途、写刻方式与使用工具等方面的不同,自然会造成一定的差异,但与别的时代的文字相比,这一大变革时间中各类文字的共有特色还是十分明显的。

(一) 文字异形现象非常突出

战国文字的特点中,最为世人所知的,应该是文字异形现象的突出表现。西周金文的规范程度远胜于甲骨文,西周曾经做过文字的规范整理,这是明显的事实。但是,分久必合,合久必分,这是事物发展的普遍规律。文字经过了一段稳定时期之后,到了战国时代又开始了新的变化。形符多体现象不仅死灰复燃,而且有了新的发展。其特点主要表现为以下几个方面。

1. 诸侯割据造成地区间的文字异形

诸侯割据的局面,使各国的政治、经济、文化都得以自由地发展,文字的演变蒙上地方色彩,各国文字间出现异形现象是很自然的。例如,"者"、"市"两字,秦、楚、齐、燕、晋等国的分歧即非常突出。①

国别 字例	秦	楚	齐	燕	晋	
者						
市						

齐、楚、燕、晋等国的"马"字,齐、蔡、徐、鄦等国的"皇"字,确实都是异体纷呈的。②

国别 字例	齐	楚	燕	晋
马				

国别 字例	齐	蔡	徐	鄦
皇				

一般说来,秦系文字主要因袭西周,而稍加简化与规范,比较易认;六国系文字,或装饰过甚,或草率不经,较难辨认。

---

① 字例取自裘锡圭. 文字学概要 [M]. 北京:商务印书馆,1988:57.
② 字例参考曹锦炎. 古玺通论 [M]. 上海:上海书画出版社,1995.

2. 写刻材料与用途之品类繁多造成的文字异形

写刻材料与用途之品类繁多是战国文字区别于前代文字的一大特点。不同的品类，由于写刻的条件不同，也会造成形体的差异，例如，玺印经营范围小，一般收得较紧，线条以直笔居多；简帛手写随意，一般较开放，多见弧曲线条；金文与石刻文由于制作时间充裕，伸展范围又大，既可以吸收简帛的优点，又可以发挥玺印的长处，更可以别出心裁；货币文可能由于制作量大，线条硬直，一般结体较简，确是各具特色的。这些似乎是书法方面的因素，但由此造成的形体差异有时也是很明显的。例如，"犬"旁。

第一方阵为金石文，第二方阵为玺印文，第三方阵为简帛文，确有明显差异。

再如，"皿"旁，金文、玺印文、简帛文的写法分别如下所示，其差异也是十分明显的。

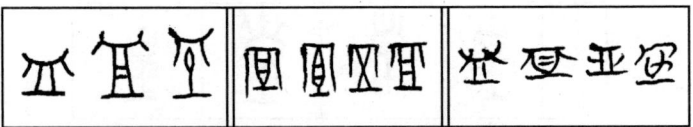

3. 简化方式不同造成的文字异形的

战国时代政治、经济、文化的剧烈变革使文字的应用日益广泛与频繁，对文字的简化也提出了越来越高的要求，而简化的方式本身就是多种多样的。

有个别笔画的简化。例如：

第六章　汉字形体的变迁　·165·

中						肖
信						信

有借助省体符号的简化。例如：

字例 字体	为	瘳	乐	昌	岳
简体					
正体					

有不借助任何标记的截除式简化。例如：

字例 字体	裏	为	邊	曹
简体				
正体				

有保留轮廓式的简化。例如：

字例 字体	寿	鸟	金	室
简体				
正体				

由于使用文字的人多，而简化文字的方式又无统一规划，大家亦乐得各施各法，"寿"字仅用保留轮廓式的简化，就有不下七种写法（第二形至第八形），此外还有借助省体符号的（第十形、第十五形），以及截除式的（第九形、第十六形）等，变体当在 20 种以上。

"马"字有保留轮廓的（第二形至第四形）和借助省体符号的（第五形至第六形），还有截除式的（第七形）等多种形体。

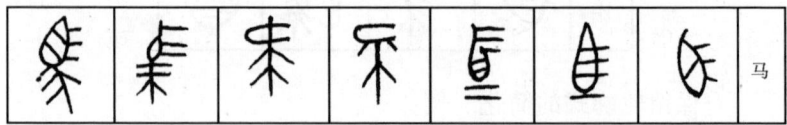

同样是在"身"字基础上加注标志的"信"字，其标志有加

的，如第一形，也可以是减的，如第二形、第三形，甚至是加减并施的，如第四形、第五形。这样一来，形符多体就不难想见了。

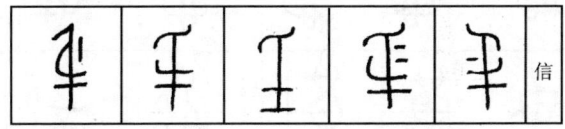

总之，战国期间，简化、草率的字体大量流行，今日简化字中的一些极简形体，像"无"、"礼"、"弃"等，都可以在这一时期的文字中找到其原型。像"丽"、"其"、"定"、"乘"等字的简体，甚至比今日的简化字还要简化。例如：

字例 字体	无	礼	弃	丽	其	定	乘
简体							
正体							

4. 饰笔造成的文字异形

战国文字除了简化之外，还有喜欢装饰的习惯。关于这一点，在"文饰性形符"中已讲到，此从略。饰笔之多少、有无亦会造成多体，这也是显而易见的。

此外，还有因讹变造成异形的、因组合形符的增减变换造成异形的。事实上，由于书写随便，字形结构极不稳定，有时同一地区的不同书手，甚至同一书手的同一题铭，都会有多种差异。例如：

区						区
黄						邵

"区"均出自齐陶,"黄"出自楚简,"邵"出自鄂君启节。

(二) 讹变现象十分激烈

讹变现象在商周已开始发生,例如:"族"字误"交"为"矢","奔"字误"止"为"中",等等,但其程度远没有春秋战国激烈。春秋战国的文字,特别是简帛、盟书一类直接手书件,往往把一些彼此形不十分相近、义不十分相干的部件都讹混起来。例如:"复"字的右上角讹混了"亯、酉、百、百","者"字下半部讹混了"口、白、古、其","贞"字的声符"鼎"变成了"贝"或"目","皇"(即"煌"的初文,像灯火辉煌)字的灯座却变成了声符"王",等等,都是商周时期所没有的。

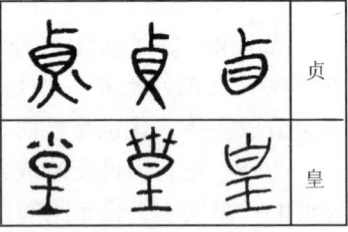

(三) 新的近似形符的发生与细腻的区别标志

到了战国时期,由于书写的随意与简化的激进趋势,又为近似形符的产生创造了条件,尤其是只有方寸之地供布置的玺印文字,就更容易产生近似形符了。不过,古玺大都精心经营,多近而不混,细心观察,不难发现它们的区别标志。例如:

"隹"与"尹"。在西周金文中,"隹"与"尹"形体相去甚远,但古玺中"隹"旁每喜将竖笔以右之横笔缩掉,并将线条拉直,而"尹"旁又每喜将竖笔以左之横笔缩掉,将竖笔拉齐。下表"隹"旁的后面两个形体与"尹"旁的后面两个形体相当近似,以至《古玺文编》收字亦时有混淆。但细心分析,我们不难看出,"尹"旁上横画多取平势,其作弧势者,下横画亦必取弧势与之相衬,遍检《古玺汇编》,无一例外,而"隹"旁则作上锐下平状或上弧下平状,与"尹"旁异样。

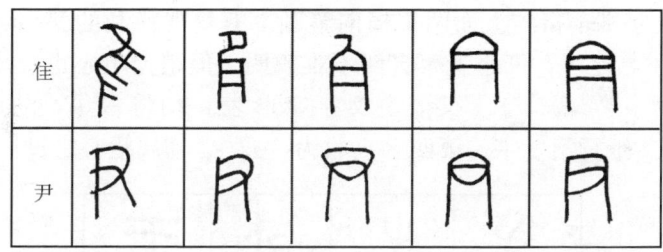

"焦"与"鱼"。在金文中,"焦"与"鱼"形体并不相近,但古玺中每喜将线条拉直作第二形、第三形处理,而"鱼"字亦因规整的关系调整为第二形、第三形的模样,两者就变得十分相似,以至《古玺文编》释字时,每有"鱼""焦"混淆的现象。其实,稍加分析我们便不难看出,"焦"旁上部简单,横画无断开,中间无竖笔或斜笔;"鱼"旁上部复杂,中间必有竖笔或斜笔,两者的区别还是十分清楚的。上一行第四字为"樵",下一行第四字为"稣";上一行第五字为"谯",下一行第五字为"逌",不小心是很容易混淆的。

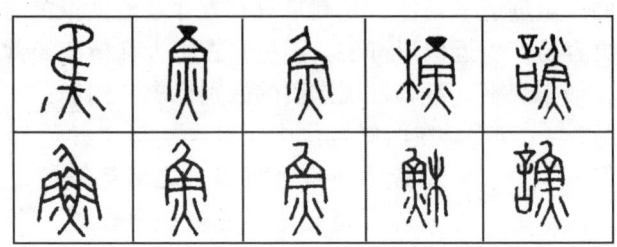

"又"和"丑"。古玺"又"字手指的横向笔画都比较平顺调和，有时甚至为了突出与"丑"的区别，故意朝上指（上行第一字）或在旁加多一笔作标记（上行第二字），不仅独体出现时相当明显，就是作偏旁时，像"疽、攻"（上行第三字、第四字）两字之所从，也只作平放或上指，横向笔画绝不向下的。"丑"字则手指的上面两个横向笔画都有短促锋利的斜出之笔，或是下指之势，细心观察自然不难辨明，但稍为粗心也会出错。《古文字类编》与《汉语古文字字形表》均将古玺与古陶的"疽"（下行第三字、第四字）收为"疚"，即属粗心之过。

此外，下表中"五"（第一形）与"正"（第二形、第三形）之别在横画之平与曲，极易混淆，"足"（第四形）与"疋"（第五形）的人为区别亦极易疏忽，这些都是需要认真加以辨析的。

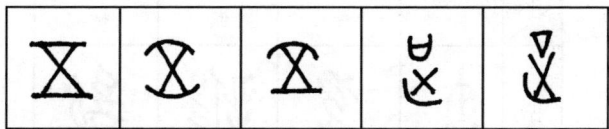

(四) 组合形符的增减与变换

相对于西周金文来说,战国玺印、简帛一类文字,组合形符之增减及变换要随便得多,甲骨文常见而西周金文有所控制的附形足义现象,此时又有回潮。例如,"上、下、左、右"等字,原先都是标示方位的表意字,但与这些方位有关的动作之引申义使用多了,于是便有人增加表行动意向的形符"辵",造成多种异体了,表中的"让、迊、迈"以及"坒"之作"往"都属此类。

字例 字体	上	下	右	往
正体				
变体				

"言"旁、"口"旁与"心"旁的关系极为密切。所谓言为心声,一些"心"旁字在书写者看来表意尚未能尽兴,便有增加"言"旁的可能,而同样的道理,一些"口"旁或"言"旁字亦有增加"心"旁的可能。例如:

字例 字体	忤	惕	愿	慎
正体				
变体				

组合形符的减省亦不少见，例如：

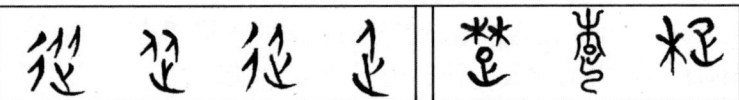

左边的四个都是侯马盟书的"从"字，或省"彳"旁，或省"人"旁，或"彳"、"人"并省；右边的三个都是楚字，第一形是"从林、疋声"的正体（见楚简）、第二形（见金文）、第三形（见侯马盟书）则省去一"木"。

形符位置的变换，甲骨文比较普遍，西周金文已有所控制，但战国又有回潮，有左右变换的，如"镶"字；有上下变换的，如"昆、春"两字；有内外变换的，如"爱"字；而更多的则是左右结构与上下结构的变换，如"秋、福、张、鼻"等字均是。

字例 字体	镶	昆	春	爱	秋	福	张	鼻
正体								
变体								

依主观意志改字现象尤为突出，例如：

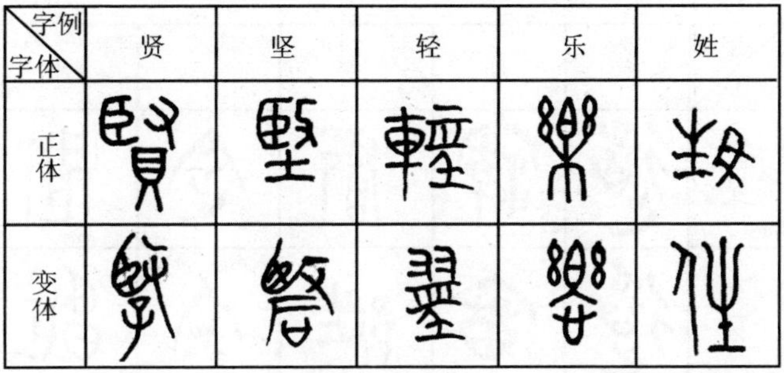

字例 字体	贤	坚	轻	乐	姓
正体					
变体					

"贤"字为了强调贤良臣子而改从"子"，"坚"字为了强化坚硬的程度而改从"石"，"轻"字为强化重量的特轻度而改从"羽"，"乐"为强调乐在心头而改从"心"，"姓"字为强调父系而改从"人"，都有较强的主观意识。

（五）作为简化的形式，兼体式合文大量增加

例如，"公子、子孙、孝孙、大夫、工师、邯郸、至于、之所、无疆、并立"即属兼体式合文。

（六）组合声符的变换

文字异形、言语异声是战国时期的最大特征之一。语音与文字一样，发生着激烈的发展变化，因此，变换形声字声符的现象，比以往都要普遍，不同地域而字音稍异导致声符变换的，仍属异体；声音远隔，难以做普遍交流，已成异词者则属转注。我

们所说的声符变换，是指异体而言的，例如：

字例 字体	道	庙	都	定	闻
正体	䢓	廟	䁖	定	聞
变体	徸	苗	䢾	个	䎔

"道"字可从"首"声，亦可从"舀"声；"廟"字可从"朝"声，亦可从"苗"声；"都"字可从"者"声，亦可从"旅"声；"定"字可从"正"声，亦可从"丁"声；"闻"字可从"门"声，亦可从"昏"声。变换都较自由。

第四节　秦代的小篆和秦隶

一、小篆概说

六国文字的地域差异，给人们的社会交往带来很多不便，对政治、经济的发展来说，都是极为不利的，所以，秦始皇统一中国以后，就不得不着手文字的统一了。用以统一文字的标准字体——小篆，就是以春秋战国时期的秦系文字为基础，吸收各国文字的优点整理而成的。

春秋战国时期的秦系文字，就目前所见，金文有春秋的秦公钟、秦公簋（图八）及战国的兵器、权量、虎符，石刻则有春秋的石鼓文（见160页图四）、战国的诅楚文（图九）等。它们都属于规整匀称一路，与西周金文一脉相承，而与六国文字或装饰过甚，或草率不经者有明显区别，秦统一后的文字资料，主要

第六章　汉字形体的变迁　·175·

图八　秦公簋

图九　诅楚文

第六章 汉字形体的变迁 ·177·

图十　泰山刻石

图十一　秦始皇二十六年秦权铭文

有秦始皇游览峄山、泰山（图十）、琅琊台、芝罘、碣石、会稽等地的纪功颂德刻石，以及秦始皇二十六年权量诏版（图十一）及二世元年诏版等，其圆转均衡、规整庄重都表明它们确是以秦系字体为基础的。至于对六国文字的吸收，最明显的是"秦国"的"秦"字，秦公簋、秦王钟以至《说文解字》籀文的"秦"都是"秝"字下面加两个"禾"字构成的，小篆从单"禾"，显然是对晋玺、三年马师铍及随县简的吸收。

| 秦公簋 | 秦王钟 | 晋玺 | 三年马师铍 | 随县简 |

二、小篆的特点

（一）线条化

小篆把以前"随体诘诎"的象形符号完全线条化了，变成全由圆转均衡、粗细如一的线条组成的文字符号。诏版刻写还比较粗糙草率，以石刻文字看，字形修长，横平竖直，左右对称，例如，"马"字已看不出眼睛和鬃毛，"臣"字已不像竖写的眼睛，"角"字也不像牛角之形，"卩"字更看不出是跽坐的人形了。

字体\字例	马	臣	角	卩
小篆				
金文				

（二）简省化

小篆与秦国原先的文字如石鼓文、籀文等相比，已经大大地削减了繁复的部分，结构简单得多了。

字例 字体	秦	袭	秋	雷
小篆				
籀文				

（三）定型化

先秦文字或正或反，或左或右，可以随意布置，而小篆把每个字的写法和上下左右的位置固定下来，成为整齐划一的书体。

首先是偏旁形体的定型。先秦偏旁写法不一的现象至此已经宣告结束，各个偏旁都基本上确定了一种写法，例如，"心"旁（第一形为小篆，后五形均为春秋战国的异体）。

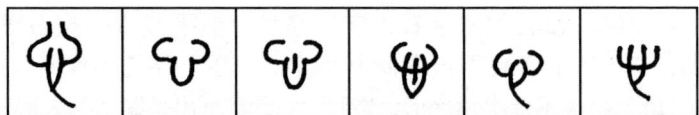

其次是偏旁构成的定型。前面已经讲过，先秦文字中义近形符和音近声符变换的随意性都比较大，而春秋战国时期地区间"文字异形"的现象非常突出，义近形符和音近声符变换的随意性同样是表现得非常突出的。例如：

这是"制造"之"造",本作"𘗣"(颂鼎,表内末一形),为"从宀、告声"的形声字,"舟"置"宀"内,即取屋内造舟之意,西周金文中已多异体,春秋战国文字中异体更多(第二形、第三形、第四形、第五形均为战国文字)。强调造之行动者,从"辵"作"𨓰"(元戟);突出加工的原料者,从"金"作"鋯"(曹公子戈);突出所造为戈者,从"戈"作"𢧵"(高密戈);还有描写制造过程而从"穴"、从"火"的"𤒈"(公孙造戈);等等。小篆则统一为第一形。

又如:"齎"字,有从"齐"得声的,也有从"妻"得声的,小篆就只能取一舍一了。

再次是偏旁位置的定型。小篆不仅对每个字的偏旁构成予以明确规定,而且对所用偏旁的放置也有规定,例如,"宝"字,虽然其异体的偏旁构成都是"宀、玉、贝、缶",但位置变换很随便,有的是表意的"玉、贝"在右,标声的"缶"在左(如第二形),有的则刚好相反(如第三形);有的"玉"、"贝"并排在上,而"缶"居下(如第五形);有的是"缶"居上,而"玉"、"贝"居下(如第四形);有的甚至"玉"、"贝"各占一角,而"缶"字拆开分置右上与左下(如第六形),小篆对此做了统一,明确规定其中一种形体(见第一形)为标准形体。

此外,小篆的书写笔画数和笔顺也是基本固定的,这是前面三个特征的必然结果。

小篆的制定,实质上是对长期以来自然发展的汉字进行有计划、有领导的整理、规范和简化,异体的删除,写法的固定,结构的规整,等等,在汉字发展史上都具有极其重要的意义。当时,丞相李斯作《仓颉篇》、中车府令赵高作《爰历篇》、太史令胡毋敬作《博学篇》,它们既可供学童识字之用,同时也是为了推广标准字体;加上秦始皇在各地用小篆刻石纪功,因此,很快就统一了全国的字体。秦始皇"书同文字",实际上是我国历史上第一次有成效的文字改革运动,它所确立的上述原则,在后来的汉字改革中发挥了极其重要的作用。小篆的形体,赖《说文解字》得以系统保存下来,这9 353个字,不仅可以对小篆做全面了解,而且可用作认识其他古文字的桥梁。

(四)新的近似形符的产生及其区别标志

秦篆是经过大规模的、有意识的文字规范整理的成果,对于因书写不规范而造成的形体近似的现象,一般都能加以纠正,但它所强调的简化、线条化的方针,亦会导致新的近似形符的产生。虽然近似形符具有明确的区别标志,但这个标志一般都很微小,例如:"王"与"玉",其区别只在中间一横之靠上与居中;"士"与"土",其区别只在前者上横长下短横、后者上横短下横长;"肉"与"月",其区别亦只在中间两短画之是否折曲;"龟"与"兔"、"鸟"与"乌"的区别都只在多一笔与少一笔;"支"与"丈"、"禾"与"禾"、"木"与"朮"的区别也都确实是很细微的。

秦篆之近似形符,到了隶楷阶段,有变得不近似的,例如,"龟"与"兔"、"卤"与"凶"、"支"与"丈"等;有仍近似而区别标志不同的，例如，"王"与"玉"；有按近似承继下来的，例如，"鸟"与"乌"、"士"与"土"等；有混同起来的，例如，"肉"作偏旁时多与"月"混同，"禾"作偏旁时多与"禾"混同，"朩"与"木"混同等；而秦篆中一些非近似形符，也有变得近似的，例如，"人"与"入"、"儿"与"几"、"夕"与"歹"、"衤"与"礻"、"矢"与"失"等；甚至有混同起来的，如"白"（同"自"）与"白"（"白色"之"白"）混同作"白"、表"幸运"之"幸"与一种木制手铐的"幸"混同作"幸"等。

秦始皇统一文字以后，组合形符的增减与变换得到控制，隶书、楷书也都比较能遵守规范，随意增减变换的情况是越来越少，为了简化而有意识地用简易形符代替繁复偏旁的事间或有之，整体还是以规范为主。

三、秦隶

秦隶是指秦代使用的隶书。秦隶是秦代人民创造、秦始皇认可的一种文字形体，旧时传说是程邈所造，这自然是不可靠的。秦篆圆转匀称，书写不便，人们在实际运用中化圆转为方折，并在形体上加以改造，适当减少部件，放松笔势限制，加快书写节奏，便形成这么一种书写简便快捷的字体（图十二）。进入西汉后，由于西汉王朝面临一个百废待兴的局面，当务之急是维持社会的和平稳定，使社会从连年创伤中尽快恢复过来，律令典章制度全承秦制，文字也是将小篆和秦隶照搬过来，所以，西汉初期，社会上仍通行秦隶，马王堆汉初墓葬出土的帛书（图十三）、银雀山汉初墓葬出土的竹简等，都是秦隶的书写品，我们对秦隶的分析，自然将这些汉初墓葬的出土物也纳入这一范畴。

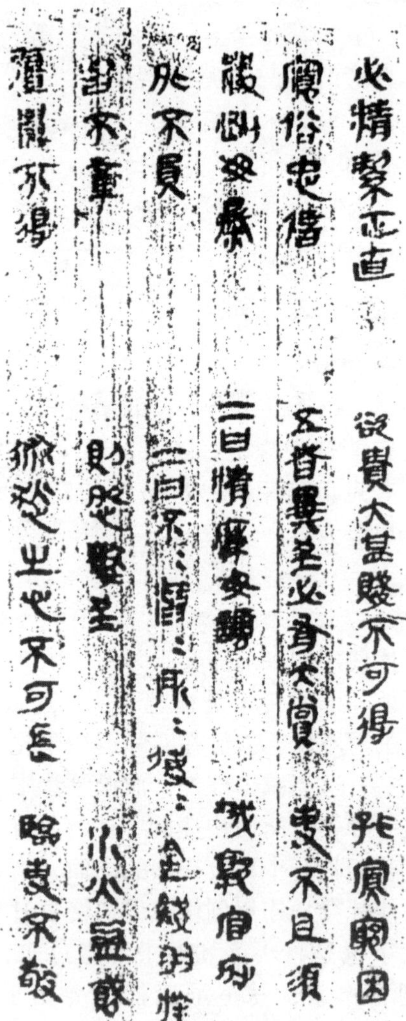

图十二　云梦秦简

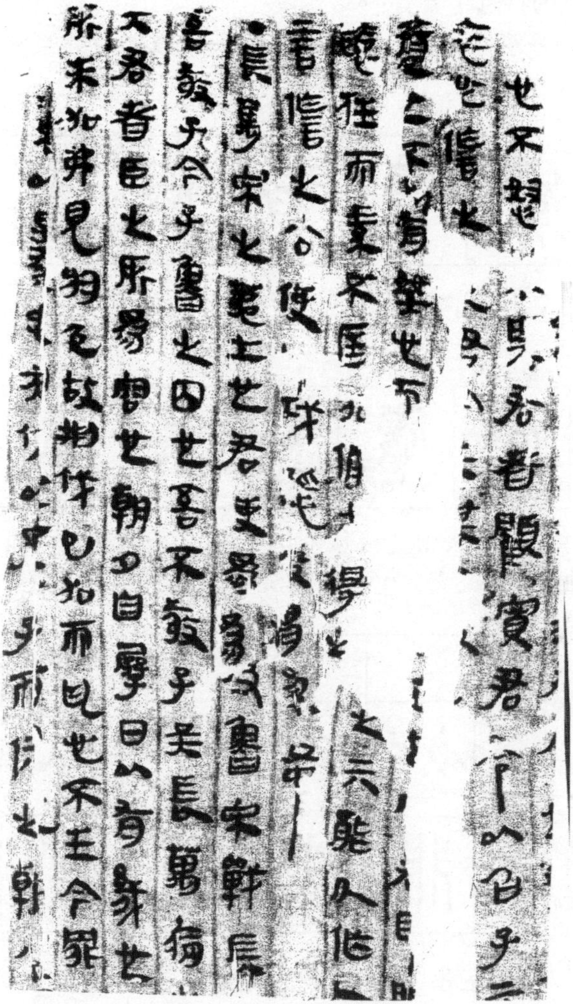

图十三　马王堆帛书

秦隶的特点主要有：

（1）篆草并见。字形上既保留了相当数量的篆书形体，例如，"郭、杂、堵、恒、素"等字。

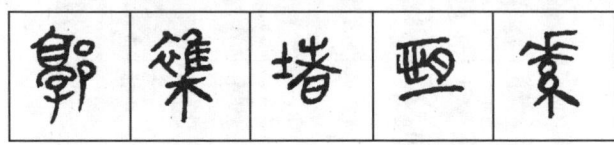

同时又出现了不少草书式写法，例如，"定、卢、绮、南、诡"等字。

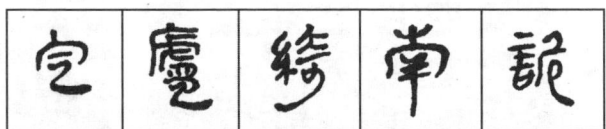

有些字的写法则直接从六国文字中继承过来，而与小篆有别，例如，"非、大、也、其"等字。

字例 字体	非	大	也	其
秦隶				
小篆				

（2）改变篆书笔画体势，简化篆书的偏旁形体，例如，"疒、氵、艹、彳、言、女、舟、木"等偏旁，都已开汉隶之先河。

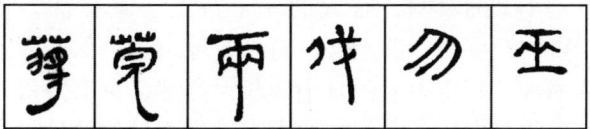

（3）作为后来汉隶重要特征的那种波势与挑法已开始发生，不过秦隶一般以竖向伸展表现气势，与汉隶的横展有明显区别。

此外，由篆书向隶书转变的过程中，还出现了因兼顾美观、平衡因素而使表示同一意义的形符在不同位置有不同写法的现象。例如：

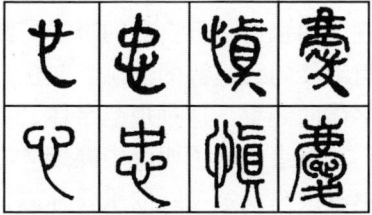

秦隶的出现，为汉隶的产生奠定了基础，人们常说，篆隶之交是古今文字的分水岭，而古文字向今文字的过渡，就是通过秦隶来实现的。

第五节　汉代的隶书和章草

一、汉隶的形成

前面提到,汉初的律令、典章、制度等基本上都"率由旧章",文字也是"汉承秦制",将秦隶全盘承袭过来的。而从现有材料分析,大抵出于讲求实效的考虑,秦隶的使用似乎相当广泛,不仅在民间,而且在官方的交往中都已经通行起来,并在逐渐向法定文字的地位推进。

秦隶是小篆的草写,很大的一个特点是篆书、草书因素并见。按照事物发展的一般趋势,自然是篆书这一保守因素的日渐消亡和草书这一新生因素的日渐成长。当然,草书因素的进步作用并不表现为草率,而在因加快书写速度而导致的易圆为方、笔画连带所造成的字形简化以及由波挑的随意伸张造成的书写线条笔画化。当它只作为民间流行的辅助书体出现的时候,但求快捷,草率并无大碍,但当它要上升为官方法定文字的时候,它就需要有一定的尊严,草率的写法逐渐敛迹,美化、规范化的意识逐渐加强便是很自然的事了。秦隶结构的日渐简化,线条上日渐粗细停匀,笔势的波挑、起伏日益规范,必然导致一种新的规范字体的诞生,这种规范字体,就是我们所讲的汉隶。

汉隶是到了西汉中晚期才在秦隶的基础上逐步发展起来的,由秦隶向汉隶飞跃的重要标志,是篆书形体的归于消失和波磔的开张由竖伸变为横展。篆书结体的消失,宣告了古文字阶段的彻底终结,波磔的横展,使字形扁平、结构左右对称、体势左右相分的汉隶风格(图十四)得以形成,这是完成隶变的两个重要方面。

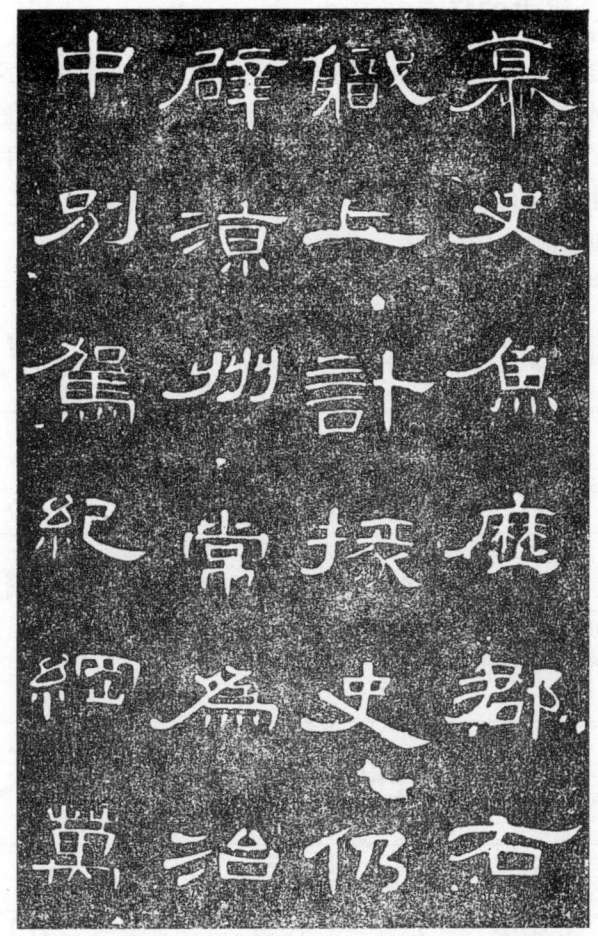

图十四 汉 曹全碑

二、汉隶的特点

隶变是汉字发展史上最重要的一次变革，隶变的完成，是汉字的形体一个根本性的变化，其主要表现为以下几个方面。

（一）变篆书圆转线条为方折笔画，字形变得方正平直，再也看不出原来的象形面貌了

例如："月、衣、止、犬、鱼"字。

汉隶	月	衣	止	犬	鱼
小篆	ᗡ	ᛜ	止	ᛜ	魚

（二）对一些繁复的字的笔画乃至部件加以省并、简化

例如："雷、屈"两字的部件简省，"书、承、胜"等字偏旁的省并，都是很清楚的。

汉隶	雷	屈	書	承	勝
小篆	雷	屈	書	承	勝

（三）部分偏旁因位置的不同而发生变形，分化为若干不同的形体，使字形结构再难从字面上做出满意的解释

例如："爓、然、尉、光、赤"等字的"火"旁，在小篆中无论什么位置，写法都是一样的；但到了隶书中，则变成了"火、灬、小、朩"等多种写法。

汉隶	燃	然	尉	光	赤
小篆	燃	然	尉	光	赤

又如："冰、浆、注、泰、益"等字的"水"旁，在小篆中也是写法全同的，到隶书就变得五花八门了。

汉隶	冰	浆	注	泰	益
小篆	冰	浆	注	泰	益

（四）偏旁的变形、省略与归并，使一些篆书形体不同的偏旁混而为一

例如："春、秦、奏、泰、奉"等字的篆书写法本来有明显差别，"春"本从"艹"、"从日、屯声"，"秦"本从"廾"、从"午"、从"禾"，"泰"从"廾"、"从水、大声"，"奏"从"廾"、从"屮"、从"夲"，"奉"从"廾"、"从手、丰声"（按：金文作"奉"，"从廾、丰声"），而到了隶书，上部却变得完全相同了。

汉隶	春	秦	奏	泰	奉
小篆	萅	秦	奏	泰	奉

又如："堊、要、贾、粟、覃"等字的小篆写法，上部明显不同，"堊"是"从土、西声"的形声字，从"西"；"要"即"腰"的初文，故《说文解字》训为"身中也"，像人用两手叉着腰的样子；"贾"是"从贝、襾声"的形声字。这个"襾"的形构是一"凵"朝上，一"冂"朝下，再用"一"覆之，其义为"覆"，音读如"晋"，在"贾"字中作声符；"粟"本从"卤"、从"米"，"覃"从"旱（'厚'的古字）"、"鹹"省声。隶变后，这几个字的上部变得一样了。

汉隶	堊	要	贾	粟	覃
小篆	堊	要	贾	粟	覃

再如："期、胡、服、青"等字的变化也是如此。"期"从"月"、"其"声，"胡"从"肉"、"古"声（本义是兽的颔至颈下垂的肉），"服"从"舟"、"𠬝"声，"青"从"丹"、"生"声，几个毫不相干的偏旁混同为一个偏旁了。

隶书与小篆的反差，确实是相当大的，从商代的甲骨文一直到秦代的小篆，尽管中间经历过许多的变化，但总的来说，多少都看得出象形的意味，因而同属于古文字的范畴；从隶书开始，才打破这一局面，使汉字变得面目全非，使象形字不再象形，会意字和形声字的一些偏旁亦看不出其为声、为义了。例如，隶楷的"布"字，从字面上怎能看出它是"从巾、父声"的形声字呢？隶书完全抛开了古汉字的象形因素，使汉字变成抽象的记号，实行全面的符号化，这无疑是汉字发展史上的一大进步。隶书结束了几千年的古文字阶段，形成了近两千年来的今文字格局，并为楷书的产生奠定基础，在汉字演变过程中占有极重要的地位。

三、章草

章草（图十五、图十六）是隶书的快写，实际上是由秦隶中的草书因素发展起来的。秦隶是小篆的草写，最初只作为民间流行的辅助性书体而出现，后来被官方所接受，一方面，向官方法定文字发展而规范为汉隶；另一方面，继续作为民间流行的书体，向赴速急就方向演进，自然是草书因素的进一步发展，以笔画牵带和连绵借让为特色的隶书快写——章草，正是由秦隶中的草书因素发展起来的。从简帛书迹看，这种草写已有较长的历史（其始当在史游以前），作为一种辅助性书体，其发展由粗率到成熟，显然都以法定文字为依归，总的体势，都与隶书的发展为根据，与隶书体势同步前进。早期隶书少波磔，章草自然也少波磔；后期隶书波磔精美，章草自然也跟着波磔精美，一些书籍把早期有很重篆意而少有波磔的章草说成是章草与今草混用，是不正确的。张怀瓘说："章草者，汉黄门令史游所作也……至建初中，杜度善草，见称于章帝，上专其迹，诏使草书上事……盖因章奏，后世谓之章草。"史游和杜度在不同时期里为章草与隶书的同步发展做过整理工作应该是可信的，如后世所见的字势扁平，波势精妙的章草，其成熟当在章帝时期或以后，今草的产生，又当在章草之后。

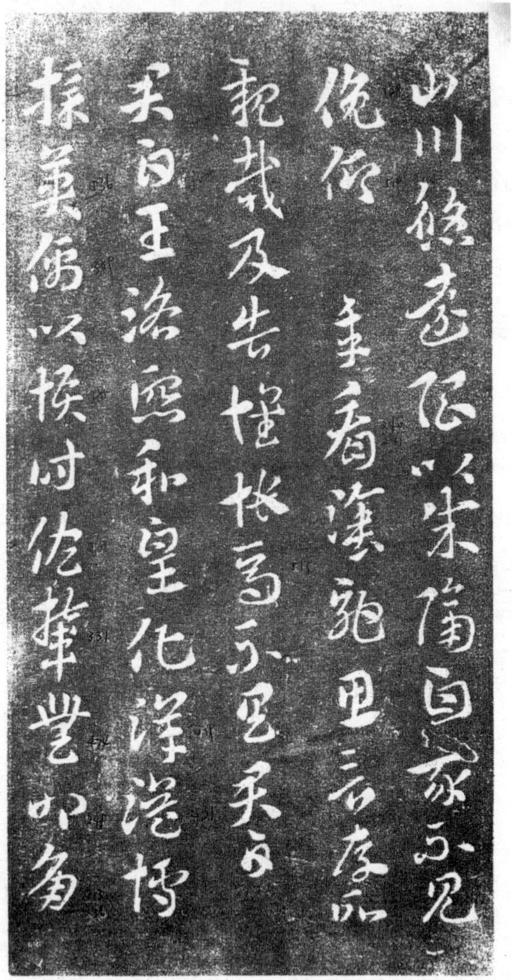

图十五　晋索靖月仪帖

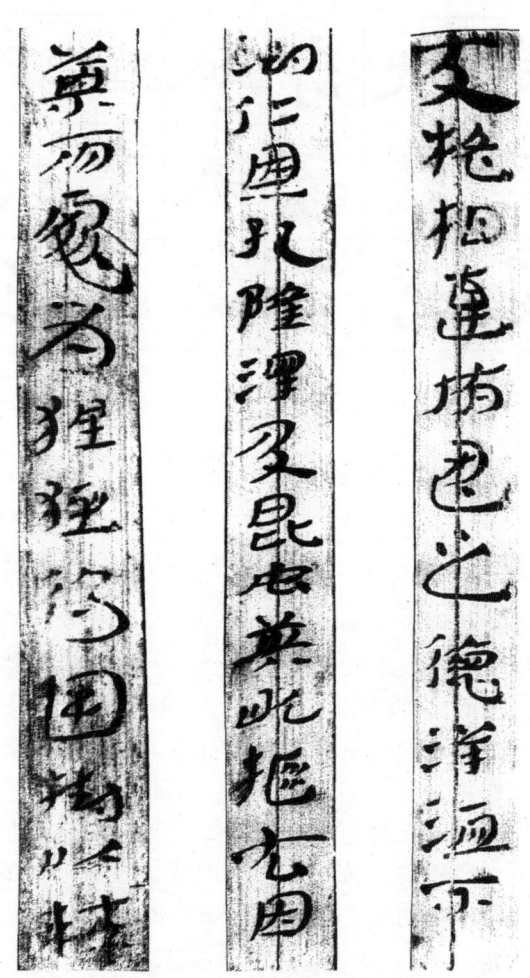

图十六　尹湾　汉简

汉隶	急	就	奇	觚	與	衆	異
章草							
今草							

第六节 汉代以后的楷书、行书、草书

一、楷书

楷书就是我们今天通行的正体字，它的定名，当含有楷模、规范的意思。它由汉隶发展而来，大抵出现于汉末魏初，成熟于东晋时期。前面提到汉隶以字形扁平、体势左右相分为特色，而最能体现这一特色的，是它的左波右磔。汉隶的波磔，对字形确有一种美化作用，但从实用角度讲，就不能不承认它对书写的速度会造成妨碍。出于赴速急就的目的，加快提按的速度、减轻提按的力度是很自然的，按下的力度减少，按后停留的时间缩短，波磔就会变得不甚明显，折角也会顺势带下而出现近似后来楷书的转折写法，久而久之，人们慢慢发觉，将隶书的卷波变为斜撇，雁尾变为平收，会更利于书写的连贯、快捷，因而有意识地将波挑加以收敛。而隶法波挑的收敛，即意味着楷化的开始，我们从汉简中可以看到，这种波挑收敛、折角圆转、称得上原始楷书的字体，在东汉晚期已经出现了（见图十七汉陶瓶中的小

字)。波磔已经全部敛迹,折角已变得圆转,呈现在人们面前的,已是后世的楷书体势,而不再是汉隶的左右相分姿态了,与居中的"永寿二年"隶书大字有明显区别。类似书迹,在汉末魏初的简牍中并不少见,因此,说楷书出现于汉末魏初,应该是有足够证据的。不过,从出土的汉末以至魏晋简牍、残纸看,这类字体大都显得笔画简单粗糙,结字简陋笨拙,虽则实用性强,但可观性弱,所以,庄重场合的用字,如碑刻、墓志等,一般仍以汉隶为常见,这类楷书的地位显然未得到广泛认可,还未具备取代汉隶而成为正统文字的条件。楷书正统地位的确立,应该在经过钟繇、卫铄、王羲之等几代人的努力,将简单粗糙的笔画改造为变化多样、提按分明的点、横、竖、撇、捺、钩、折,将简陋笨拙的字形改造得妍美流便、轻巧自然以后(如图十八)。王羲之之所以在书坛上能有如此崇高的地位,与他对楷书的美化,从而使楷书为大众所接受、取得正统文字的地位是分不开的。我们将楷书的成熟期认定为王羲之所处的东晋时期,原因即在这里。楷书与隶书的区别可以一望而知,但这种区别,主要还是表现在笔画形态方面,在文字构成方面,实际上并无多大变化。现代汉字对古汉字的象形基础与六书系统的猛烈冲击,从汉隶时期就开始了,以全面的符号化、笔画化将"随体诘诎"的象形字变成若干基本笔画积累而成的抽象符号这一今文字的基本格局,也是汉隶时期就已经形成了的。

楷书通行的一千多年里,在字的形态上并无本质变化,只是形体越来越简而已。有关楷书的简化问题,下面还会谈到,这里就从略了。

二、行书

行书(图十九)是楷书的快写,它的取名,当从"民间最为流行的书体"而来。它产生的年代,当与楷书同时。行书是介

图十七　汉陶瓶

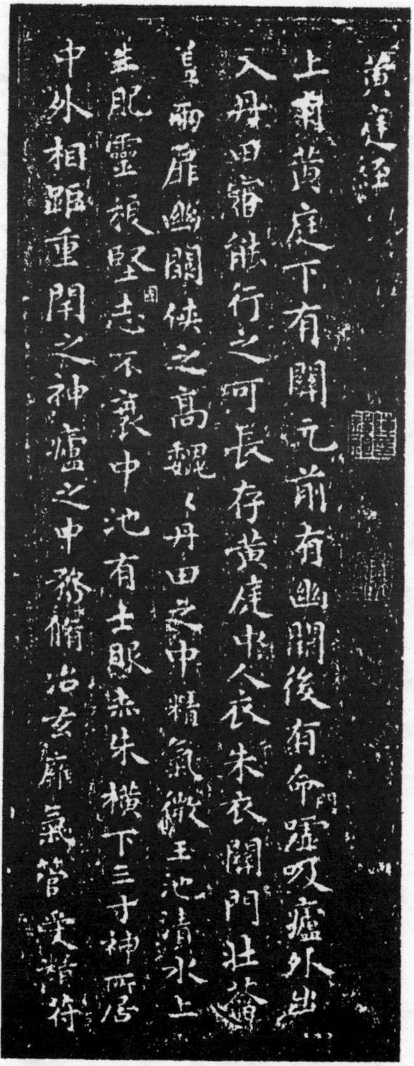
黃庭經
上有黃庭下有關元前有幽闕後有命門噓吸廬外出
入丹田審能行之可長存黃庭中人衣朱衣關門壯蘥
蓋兩扉幽闕俠之高魏〻丹田之中精氣微玉池清水上
生肥靈根堅志不衰中池有士服赤朱橫下三寸神所居
中外相距重閉之神廬之中務脩治玄膺氣管受精符

图十八　王羲之书黄庭经

图十九　冯承素摹王羲之书兰亭序

乎楷书与草书之间的一种书体，一方面，它克服了草书过于放肆而难于辨认的缺点而采取了楷书的形体，另一方面，又接受了草书书写快捷的优点，去弥补楷书过于拘谨的缺陷，既易识易认，又简易快捷，所以，在实用方面，市场最大。行书除了笔画连带以及加进一些草书字形外，从结体到用笔，都与楷书无本质区别。

三、草书

草书包括章草和今草，章草是隶书的快写，今草则是楷书的草写。章草在前面已经介绍过了，我们这里主要谈今草（图二十）。今草是从章草发展而来的，它一方面承袭了章草的牵丝引带写法，并且由字字独立发展到字字相连属；另一方面，它又尽去章草的波磔，变章草的横势为纵势，使草书由隶书的体势（章草）转变到楷书的范畴，因此，称之为楷书的草写，也是恰当的。

草书的特点主要表现在用笔的连和结体的简两个方面。

1. 用笔的连

草书为赴速急就，笔画连带是它的重要特征，为了方便连笔，改变笔顺、笔画形态以至笔画的部位都是常用的办法。

（1）改变笔顺的，例如：

年	求	甫	戎	载	顿	呼	扁	国	几

（2）改变笔画形态的，例如：

更	下	天	是	成	岁	即	秋	气	交

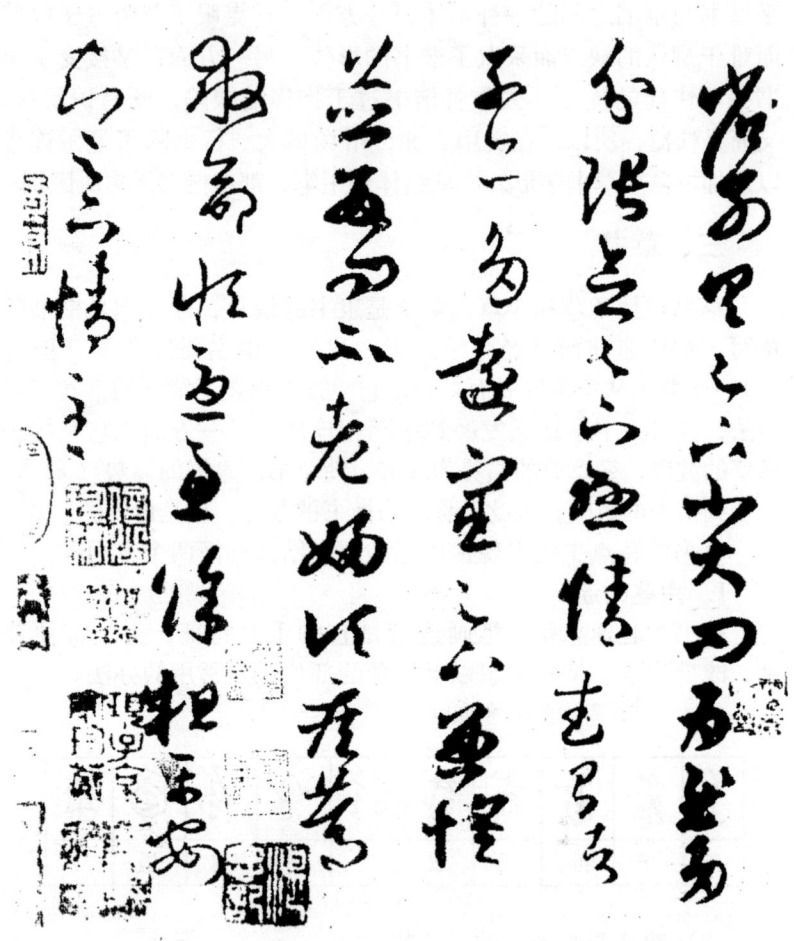

图二十　王羲之远宦帖

"更、下"是横缩为点,"天、是"是捺改为横,"成、岁"是斜钩改为竖,"即"是竖缩为点,"秋"是捺缩为点,"气"是改浮鹅为内弯,"交"是改捺为斜钩。

河	受	点	竣	刑	列	减	略	界	炜

"河、受、点、竣"是连点为画,"刑、列"是改竖为弧,"减"是改撇为竖,"略"是改横为挑,"界"是改竖为竖弯钩,"炜"是"火"捺为挑。

(3) 改变笔画部位的,例如:

野	助	想	笑	舅	盐	染	辞	刚	稽

2. 结体的简

结体的简其方法也是多样的。

(1) 笔画借用,例如:

朋	窃	黜	墨	聚	殿	林	咎	柔	毫

"朋"字是中竖两用,"黜"字是右下横两用,"墨"字是中间的横上下两用,"林"字是撇与捺都两用,其他如"殿、柔、咎"等都是一笔多用的。

(2) 笔画简省，例如：

| 客 | 日 | 丹 | 用 | 雨 | 高 | 齐 | 佩 | 烟 | 俱 |

"客"省左点，"日、丹、用、雨、高、齐、烟、俱"省左竖，"佩"字省左撇。

(3) 偏旁简省，例如：

| 君 | 畏 | 听 | 冠 | 故 | 静 | 宪 | 尉 | 台 | 群 |

"君、畏、听、冠、故"是以点画为标记省偏旁，"静、宪、尉、台、群"则是直接的偏旁简省，如"静"省左下的"月"，"宪"省中间的"四"，"尉"省中间的"示"。

(4) 一旁多用，例如：

| 寒 | 蓁 | 叶 | 晓 | 晞 | 韩 | 就 | 敦 | 轻 | 县 |

| 得 | 尊 | 薄 | 将 | 过 | 急 | 鸿 | 鹜 | 适 | 隐 |

一旁多用在草书中最为普遍，"寒、蓁、叶、晓、晞"的左上同符，"韩、就、敦、轻、县"的左边偏旁同符，"得、尊、薄、将、过、急、鸿、鹜、适、隐"部分同符。

第七章 几种有特殊关系的字

　　汉字历史悠久,就是从殷商时代的甲骨文算起,到现在通行的楷书,亦已经有 3 500 多年的时间。在这漫长的时期中,除了汉字结构体式的变化外,随着客观事物的发展变化与汉语词语的孳乳分化,汉字也不断地发生着相应的增加与调整;加上汉字使用的人数多,使用的地域广,用字情况显得特别复杂,一字多词或一词多字的现象十分普遍,如果对古字与今字、通假字与本字、异体字与正体字、繁体字与简体字的互相对待等情况缺乏认识,将会给阅读古代文献带来不少困难。因此,正确理解古书的用字,将是十分重要的事情。

第一节 古 今 字

一、什么是古今字

　　古今字是指古今两个时代先后产生的记录同一个词的两种字形。先产生的叫古字,后产生的叫今字,两者即构成一对古今字。古今字的概念最早由东汉郑玄提出,《礼记·曲礼》:"予一人。"注:"余、予,古今字。"清代著名的文字学家段玉裁有一个精辟的定义:"古今无定时,周为古则汉为今,汉为古则晋宋为今。随时异用者谓之古今字。"
　　上古时代,汉字字数较少,一个字往往兼表几个意义,这种一字多义的现象给人们的认读带来很多困难,后人为求汉字表义明确化，于是另造新字来分担古字的意义，便形成了古今字。因此，也有人把古今字叫作分化字、区别字。

二、古今字在意义上的联系

1. 今字分担古字的本义

今字分担古字的本义，可细分为两类：

（1）古字被引申义占用，另造新字表示本义。例如：

"益—溢"。"益"的本义是水溢出来，由"水"和"皿"会水满溢出器皿之意。引申出富足、增加、利益等意义，由于引申义使用频率高，跟本义的联系渐远，在"益"的基础上累加形符"水"另造今字以明确本义。

"州—洲"。"州"字的甲骨文像河川中间有一块陆地，本义是水中的陆地。后来引申指九州（上古以为九州之外是四海，九州指的仍然是水中的陆地），又引申指州郡，于是另造"洲"字表示本义。

类似的情况还有："厉—砺"、"止—趾"、"奉—捧"。

（2）古字被假借义占用久假不归，另造今字表示本义。例如：

"采—採"。"采"的本义是采摘，像手爪在树上采摘之形。后多借作神采之用，于是在原字的基础上累加形符"手"另造今字以明确本义。

"队—坠"。"队"字本义是从高处坠落，后来假借为队列意义，于是另造"坠"字表示本义。

"其"字本为簸箕，后借作代词及语气词，于是另造"箕"字表示本义。

类似的情况还有："孰—熟"、"县—悬"、"然—燃"、"莫—暮"、"或—域"。

这种为分担古字本义造字的情况，传统文字学上叫"累增字"。

2. 今字分担古字的引申义

本义仍用古字表示，另造今字表示某个引申义。例如：

"大—太"。"大"是一个正立的人形，"太"是"大"的引申义，在"大"字的底下加一点作为区别，造今字以明确引申义。

"解—懈"。甲骨文"解"作"🐂"，像双手解牛角之形。引申为解脱、松懈等意义，在原字的基础上加"心"旁为其中的"松懈"义另造今字。

"取—娶"。"取"的本义是获取，引申指获取女人做妻子的行为。后在原字的基础上加"女"旁以明确这个引申义而写作"娶"。

类似的情况还有："景—影"、"反—返"、"坐—座"、"见—现"、"昏—婚"、"火—伙"、"赴—讣"、"告—诰"、"道—导"。

3. 今字分担古字的假借义

本义仍用古字表示，另造今字（即所谓"后起本字"）表示假借义。例如：

"舍—捨"。"舍"的本义是宾馆，假借为舍弃，在"舍"的基础上加形符"手"以明确假借义。

"辟—避、僻、譬"。"辟"的本义是法,最初"躲避"的"避"、"邪僻"之"僻"、"譬如"之"譬"等字尚未产生,有关词义都借用同音的"辟"字,后来为了在书面上加以区别,分别另造"避"、"僻"、"譬"表示假借义。

此外如"采—彩"、"胃—谓"、"戚—慼"、"属—嘱"、"错—措",也属此类。

这种为分担古字引申义或假借义造字的情况,传统文字学上叫"区别字"。

三、古今字在字形上的联系

大多数古今字在字形上有承袭关系,今字以古字为原型,一般是让使用频率高的常用词占据原型,给使用频率稍低的词另造新字,这是因为古字笔画简单,使用频率高的词占据古字原型可以提高书写效率。古今字在字形上的联系主要有下面几种类型。

(1)以古字为声符,另加一新意符构成今字。这样的古今字数量最多。例如:

"匈—胸"。"匈","从勹、凶声"("勹"是"人"的变体),是"胸"的本字,因常借作他用,所以累增"肉"旁为本义造字。

"暴—曝"。"暴"字小篆作"![字形]",像人在太阳底下用双手持工具晒米,本义为晒。后为假借义所用,累加形符"日"为本义另造新字。

类似的情况还有:"竟—境"、"见—现"、"辟—避"、

"道—导"、"戒—诫"、"解—懈"、"仓庚—鸧鹒"、"其—箕"。

（2）改变古字意符成为今字。例如：

"说—悦"。"喜悦"的"悦"在先秦本来用"说"表示，由于"说"的其他意义如说话、说服都很常用，于是用"心"旁的"悦"表示喜悦。

"适—嫡"。"适"的本义是往，假借为"嫡长"之"嫡"，为明确假借义，在"适"的基础上将意符改换为"女"，遂有今字。

类似的情况还有："被—披"、"振—赈"、"敛—殓"、"帐—账"、"耦—偶"、"赴—讣"、"创—疮"、"徂—殂"。

（3）对古字略加改造成为今字。例如：

"母—毋"。甲骨文、金文表"不要"义的否定副词多借"母"字为之，后对"母"字略加改造成为"毋"，作专表这一意义的字。

"陈—阵"。"阵"字不见于先秦典籍，站阵的意义实陈列义引申出来，因此都是用"陈"表示，后略加改造成为"阵"字。

类似的情况还有："气—乞"、"巳—已"（《说文解字》无"已"）、"不—丕"。

四、古今字与通假字的关系

古今字的产生不仅跟词义的引申有关，而且与假借的关系也很密切。通假字与古今字都有假借问题，不过通假字是本有其字的假借，它强调字音相同，借字与本字字义无关；古今字是本无其字的假借，强调文字使用的时代不同和用法的分工。例如：

"辟—避",在"避开"的意义上古代用"辟",后代用"避",两者构成一对古今字;"辟"的本义是"法",与"避开"没有意义上的联系,也就是说,古书用"辟"为"避"是本无其字的假借。而用"蚤"为"早",不仅见于先秦典籍,而且见于唐宋散文。借"蚤"时,"早"已存在,这种本有其字的假借就是通假了。在实践中,古今字与通假字最易混淆。

古今字与通假字的区别有三:

其一,古今字是历史发展中的异时现象,用古字的时候,今字尚未产生,今字产生以后,今字分担的意义不再用古字;通假字是同一历史平面上的共时现象,通假之时,本字与借字并存,在同一时期的作品中相替代。

其二,古今字是在文字制定上有目的的分化,联系确定;通假字本字与借字之间属同音字的临时借用,联系是非固定的。

其三,古字与今字在字义上有继承关系;通假字中的本字与借字在字义上一般没有联系。

顺便提一下,古今字是一个历时概念,先有古字,后分化出今字,今字产生以后,它所分担的意义一般就不再用古字了。但是,旧时的文人出于仿古求雅的心理,仍有人喜欢用古字。此时的古字与今字似乎是变成并时共存关系了,但从历史角度看,这种情况仍当以古今字的关系看待为是。

第二节 异体字

一、什么是异体字

异体字是指形体相异,读音、意义完全相同,在任何情况下都可以互相代替的两个或两个以上的字。其中最通行的一个称为正体,其他的称为异体(也称为"或体")。

文字之制，出由众手，在形体方面不可能那么划一，同一个词造出两个或更多的字来代表是难免的。早在殷商时代的甲骨文和西周时期的金文中就存在大量的异体字，战国时代"言语异声，文字异形"，异体字更是复杂多样。秦始皇在全国范围内推行"书同文"的政策，但还是不能从根本上限制异体字的继续产生和使用。

关于异体字的含义，有时并不十分严格。新中国成立后的《异体字整理表》中的异体字有很多实际上只是通用字。例如："周"和"週"，"實"（实）和"寔"，"雕"、"凋"和"彫"等。

二、异体字的分类

（1）造字方法不同。一般表现为表意字（象形、指事、会意）与形声字的区别。例如：

"泪—淚"。"泪"以从"目"、从"水"会意，"淚"则为"从水、戾声"的形声字。

"伞—繖"。"伞"为雨伞的象形，"繖"则为"从糸、散声"的形声字。

类似的情况还有："床—牀"、"凭—憑"、"琹—琴"、"看—翰"、"埜—野"、"岩—巖"等。

（2）同为形声字而义近形符选择不同。例如：

"嘆—歎"。"欠"像人张口初出气，与"口"旁相通。

类似的情况还有："唇—脣"、"猫—貓"、"麞—獐"、"遍—徧"、"歌—謌"、"钵—缽"、"溪—谿"、"睹—覩"等。

(3) 同为形声字而音近声符选择不同。例如：

粮—糧　裤—袴　蚓—螾　猿—猨　线—線
烟—煙　讹—譌　蝶—蜨　勋—勳　唉—咳

(4) 同为形声字而形符、声符均不同，但形符意义相近，音符读音相近。例如：

迹—蹟　村—邨　视—眡

(5) 偏旁位置变换。例如：

峰—峯　拿—舒　和—咊
鞍—鞌　阔—濶　花—苍

三、异体字与古今字、通假字的关系

(1) 异体字与古今字的区别：异体字是一个共时的概念，指同一个词在同一历史平面的不同写法，在任何情况下都可以互换，而读音与意义都不发生变化。古今字是一个历时的概念，指同一个词在不同的时代用不同的字来表示。古今字着眼于文字的分化，今字的产生，目的在于分担古字的某些义项，因此，古字与今字所代表的词的意义并不对等。

(2) 异体字与通假字的区别：两者都是共时的概念，但在通假关系中，本字与借字不必有意义上的联系，只要音同或音近即可；而异体字必须音、义全同。

有些字在古书中通用的范围很广，但还有一些义项不通用，本义也不同，因此不是异体字。例如，"修"与"脩"读音相同,在"修长、修饰、修行、修养、修理"等意义上可以通用,但"修"的本义是修饰,"脩"的本义是干肉。在表示"干肉"的意义上只能作"脩"。可见,"修"与"脩"只是通假关系,而不是异体关系。与此相似的还有:"和"与"龢"、"淫"与"婬"、"游"与"遊"、"雕"与"凋"、"御"与"驭"。

(3) 异体字的分化。异体字在历史上是发展变化的,有的异体字在词义发展中有了分工,后来就不是异体字了。例如,"乌"与"於",原来是一字异体,大约在春秋以后逐渐分化为两个不同的字;在古书中,"乌呼"也可写作"於乎",但作为鸟名的"乌"和介词的"於"却分工明确,互不相混。又如,"喻"和"谕"本来是异体字,后来"告谕"义用"谕","比喻"义用"喻",分化为两个词。此外如"猷"与"猶"、"雅"与"鸦"、"愉"与"愈"、"怡"与"怠"也应属这种类型。

第三节 繁简字

一、什么是繁简字

繁简字是指一个字笔画繁简不同的两种写法。繁简字着眼于笔画的多少,笔画多者为繁体,反之则为简体。简化字与被简化的繁体字合称繁简字。

汉字形体的简化从甲骨文时代已经大量出现,此后历代在群众中间都不断创造简化字。简化是汉字发展的总趋势。针对近年繁体字回潮,不少人轻视简体字现状,我们这里想着重谈谈新中国成立后公布的简化字问题。简化字指 1956 年国务院公布的《汉字简化方案》(1964 年 3 月文化部、教育部、文改会《关于简化字的联合通知》又做了一些补充规定和局部调整)所颁布的简化字;繁体字指与简体字相对应的繁写楷书字体。凡未列入上述文件的简体字（包括历代出现的简体字）一律作为异体字或俗体字处理，篆书以前的繁体字也应列入古体字或异体字。1964年5月公布的《简化字总表》共收简化字2 338个（包括偏旁简化类推的字），亦即我们现在通行的规范字。至于1977年文改会公布的《第二次汉字简化方案（草案）》所收的853个简化字，由于存在的问题太多，已被宣布停止使用。其中有流入民间者，当视为俗体字。

二、简化字的形体来源

1. 用古字

（1）重新起用初文，废弃后起字。例如：

    从—從 网—網 云—雲 采—採 卷—捲

（2）重新起用古字，废弃今字。例如：

    舍—捨 气—氣 辟—闢 朱—硃

（3）选用古代笔画简单的异体字。例如：

    礼—禮 无—無 弃—棄 庙—廟 凭—憑

2. 草书楷化

例如：

    车—車 门—門 韦—韋 当—當
    尧—堯 为—為 学—學 佥—僉
    会—會 尽—盡 头—頭 应—應

乐—樂　归—歸　书—書　实—實

3. 局部代全体
例如：

习—習　广—廣　飞—飛　点—點
声—聲　竞—競　齿—齒　奋—奮
夺—奪　齿—齒　亏—虧　务—務

4. 用象征性符号代替繁复偏旁
例如：

邓—鄧　欢—歡　鸡—鷄　艰—艱
仅—僅　乱—亂　对—對　凤—鳳
轰—轟　赵—趙　刘—劉

5. 改换简易声旁
例如：

认—認　础—礎　补—補　窃—竊　态—態
远—遠　窜—竄　灯—燈　让—讓　钻—鑽
织—織　纤—纖　价—價

6. 改换简易形旁
例如：

猫—貓　猪—豬　肮—骯　狸—貍
鳖—鼈　腮—顋　粘—黏

7. 同时改换简易形旁和声旁
例如：

　　响—響　护—護　惊—驚

这些新的形声字不但形符、声符化简，而且大多更合理、更准确。

8. 新造会意字
例如：

　　灭—滅　灶—竈　宝—寶
　　双—雙　体—體　尘—塵

9. 合并同音字
例如：

| 干
幹
乾 }干 | 只
衹
隻 }只 | 台
臺
檯
颱 }台 | 斗
鬥 }斗 | 余
餘 }余 | 征
徵 }征 |
| 党
黨 }党 | 谷
穀 }谷 | 后
後 }后 | 髮
發 }发 | 彙
匯 }汇 | |

三、必须注意的几个问题

1. 关于同音替代字

这类繁简字，它们在意义上毫不相干，只是由于读音相同，在简化构成中选取了笔画简单的，废弃了笔画繁难的，从而把古书中本来有分别的两个字或三个字,归并为一个字。如果按照现代简化字的意义去理解古书中已经废弃的繁体字的意义,就会发生误会。例如,"后"和"後"本来是两个字,"後"是"先后"之"后","后"原来的意义是君主,后来指皇后、太后。初学者如果不明真相,读"孝文在代时,前后有三男"(《史记·孝景本纪》)就可能错误地理解为先后。其实,这里的"前后"指先前的皇后。这是需要注意的。

2. 关于数繁共一简

简化字通常只有一个相应的繁体字,但也有些简化字有两个或两个以上的相应繁体字。如果我们阅读用简化字排印的古代作品,就必须弄清楚这个简化字所代表的繁体字到底是哪一个。例如,《左传·哀公二年》:"郑师大败,获齐粟千车。"这里的"获"应理解为"獲"而不是"穫",其他如"钟—鍾、鐘","复—復、複","脏—臟、髒","历—歷、曆",等等,都应弄清简化的来龙去脉。

3. 关于因简化造成的同形字

有些简化字跟古书中的某些字字形完全相同,但实际上是读音与意义都不相同的两个字,形体相同纯属巧合。例如:"臘"读là,本义指年终举行的一种祭祀。"腊"读xī,本义指干肉。"臘"简化为"腊"后,二字成为同形字。此外"蠟"简化为"蜡","寧"简化为"宁","葉"简化为"叶","適"简化为"适","體"简化为"体","廣"简化为"广","廠"简化为"厂","聽"简化为"听","勝"简化为"胜","價"简化为"价","骯"简化为"肮",等等,都属于这一类。

因简化造成的同形字与同音替代字有本质的区别。同音替代字在替代前两者的意义不同且没有联系,但读音必须相同,替代后它所代表的两个词仍然是现代汉语的常用词。因简化造成的同形字在简化前两者的形、音、义都不相同,只是简化后才造成同形,简化字是现代汉语常用词,而非简化字在现代汉语中已经消失,成为历史词了。正因为如此,才不至于造成混淆。

第四节 通假字

一、什么是通假字

"通假"是古书上出现的字形临时借用现象。一个汉字记录一个或几个词,通常是固定的。但由于种种原因,有的人在写文章时,弃本字不用,临时借用了一个音同或音近的字去通融替代。这种现象就叫作通假。

通假是古代的用字现象,所以又叫作古音通假。从古到今,语音发生了巨大变化,有很多借字与本字现在看起来已经不同音了,因此,要正确理解和掌握通假字必须懂一点音韵学知识。例如:"拂—弼",反映了"古无轻唇音";"填—镇",声母的变化反映了"古无舌上音",韵的变化说明了"旁转"的存在;"而—能",声母的变化反映了"娘日归泥",韵的变化反映了"对转"。

二、通假字的类型

从通假字在古书中的出现频率看,大致可以分为以下三种情况。

1. 偶然出现的通假

某个字一般情况下都用本字表示,只在很偶然的情况下用音同或音近的字去替代。例如,《左传·隐公元年》:"庄公寤生,惊姜氏","寤"借为"牾",就是很偶然的现象,实际上属于同音别字,汉代注疏家往往称之为"声之误"。"其始书之也,仓卒无其字,或以音类比方,假借为之,趣于近之而已"(《经典释文·叙录》引郑玄语）说的就是这种情况。其他如"信—伸"、"归—馈"、"壶—瓠"、"没—冒"、"倍—背"、"畔—叛"等。

2. 一段时间内惯用的通假

例如："蚤"通"早"，从《诗经》开始一直到唐宋古文中都不乏其例。尽管如此，一般人都知道"蚤"是借字，"早"才是本字。其他如"飞—腓"、"册—策"、"眉—麋"、"疲—罢"、"尿—溺"等。

3. 取代本字的假借

借字的使用频率大大超过本字，以致最后通行的是借字，本字反而不用或罕用了。例如：

"艸—草"。"草木"之"草"本作"艸"。《说文解字》："草，草斗，栎实也。从艸、早声。"其本义是栎树的果实，后来写作"皁"，又变作"皂"。

"何—荷"。"负荷"之"荷"本作"何"。《说文解字》："何，儋也。从人，可声。""荷，芙蕖叶也。"

三、通假字与假借字的关系

"假借"是"本无其字"，是借用同音字来记录意义抽象、难以造字的词，是造字过程中的借用，借用关系确定之后，基本上就固定不变，人们按照约定俗成的习惯去读书，一般不会发生误解。而"通假"是"本有其字"，是用字过程中的借用，借用关系往往不固定，读书时容易造成误解或困难。

第五节　同形字

一、什么是同形字

同形字是指分别为记录不同的词所造的、在外形方面却完全相同的两个或两个以上的字。

语义的引申也会造成一个字可以表示两个以上同源词的情形，但与同形字不是一回事。同形字造字时就已分别从两个或两个以上不同的词出发，虽然同形，但取义角度不同，读音亦往往有别。例如："以手持鸟"的"隻"，从手抓鸟的角度出发，可用以表示"抓获"的意思，音读 huò；从手中抓的是一只鸟的角度出发，可用以表示"鸟一枚"的意思，音读 zhī，一开始就是两个字。这与"解"字之以"解牛"的形象记录解剖义的"解"这个词，再由解剖义引申出松懈义，导致"解"这一形体同时记录表解剖的与表松懈的两个词义的情况是不同的。即使表松懈义的"解"确已从解剖义的引申系列中分化出来独立成词，最多也只能说是完成了词的分化，在"懈"字产生以前，都不能算分化出了新的字，"解"字尽管记录着不止一个词，它本身仍只能算一个字。

同音假借也会造成一个字可以记录两个以上同音字的情况，但与我们所讲的同形字也不是一回事。同形字中也有音同或音近的，这类情形与同音假借字都有音同义别的特点，但它的造字既从两个或两个以上不同的词出发，字的形构自然与这些词的词义都会有密切的联系，这是与同音假借中只有本字的字义与字的形构所反映的含义相关、借用的字义与字的形构所反映的含义毫无关联的情形是很不一样的。例如，"椅树"的"椅"与"椅子"的"椅"同形，一读 yī，一读 yǐ，读音也相近，但"椅树"的

"椅"所从之"木"是表示它的类属为树木，所从之"奇"是表明它的读音与"奇"相近；"椅子"的"椅"所从之"木"是表明它是木质制品，所从之"奇"却是"倚"字之省，这个"倚"是要表明它"有可倚之背"的特点，也表明它的读音与"倚"相同。两字同形而取义有别，明显是分别为不同的词造字。至于"花"字，虽可记录"花朵"的"花"与"花费"的"花"两个词，但它的形构只与"花朵"的"花"这个本字的含义相关，而与"花费"的"花"毫无关联，借"花朵"的"花"去表示"花费"的"花"后，"花"字"从艹、化声"的形构未加改造，两者使用字形的渊源关系与"椅树"的"椅"和"椅子"的"椅"之分别造字是不同的。

二、同形字的成因

1. 同一字形取义的多向性导致一形多用

同形字多数是不同的人在不同时间、不同地点造字的偶然巧合，不排除同时为两词制字的可能。例如：

"☽☽"，月亮的象形。①音 yuè，指月亮，引申指月一盈亏的周期。②音 xī，傍晚为月出之时，故可以月为夕之标志，引申指整个晚上。

"帚"扫帚的形象。①音 zhǒu，指扫帚。②音 fù，因妇持帚洒扫，故可以帚为妇之标志，甲骨文即用帚为妇。

"隻"以手持鸟。①音 huò，指抓获，后作"获"。②音 zhī，用作鸟的量词，后作"只"。

同形字更多的是异时、异地分别为不同的词造字，相互间不知道对方的存在而发生的偶然巧合。例如：

"衍"，①音 xíng，甲骨文当中"行"字像通衢大道之形，以"行"为道路，以人在路上的"衍"表行走。②音 dào，金文中表道路、行走义均用"行"，"衍"字罕用。另有"从辵、首声"的"道"与"从辵、舀声"的"䆛"字表道路，楚简又出现了从"行"从"人"会意的"衍"作"道"的异体。

"锜"，①音 qí，指锯子。"从金、奇声"。②音 yǐ，指放弓弩的兵器架。从"金"、从"倚"省，"倚"亦声。

"找"，①音 huá，为"划"字的异体。"从扌（手）、戈声"。②音 zhǎo，指寻找。从"扌"、从"戈"会意。

"镤"，音 pǔ。①指未经炼制的铜铁。②指放射性化学元素，符号为 Pa，原子序号 91。

"甭"，①音 bà，北朝俗字以"甭"为"罢"。见《颜氏家训·杂艺》。②音 qì，《龙龛手鉴》以"甭"为"弃"。③音 béng，北方方言以"甭"表"用不着"、"不必"，不仅连续会意，而且取其合音。

2. 文字演变导致形体混同的
例如：

"幸"，①音 gù 或 niè，甲骨文作"[图]"，是手铐的象形，"梏"字的初文，小篆作"[图]"，隶变作"幸"。②音 xìng，甲骨文、金文未见，小篆作

“”，从“屰”、从“夭”，会“吉而免凶”之意，隶变作“幸”。两字篆文区别明显，隶变后混为同形。

“亘”，①音 xuān，小篆作“”，本义指回旋，隶变作“亘”。②音 gèn，古文作“”，义指横贯、连绵不断，隶变转“舟”为“日”，与①同形。

“胜”，①音 xīng，小篆作“”，“从肉、生声”，腥臭的“腥”的本字。隶变后，“肉”旁与“月”旁混同。②音 shèng，“勝”字的简体，小篆作“”，“从力、朕声”，隶变后，“舟”旁与“月”旁混同，简化字又取原字左旁作象征，另加声旁“生”，遂成“胜”字，与①同形。

“坏”，①音 pī，砖瓦、陶器之未烧者，后多写作“坯”。②音huài，“壞”字的简体。是由“壞”字的草写“”截取下半部分楷化而成“坏”，与①同形。

同形字的结构关系类型复杂，有同形而结构性质不同的，例如，“体”，读 bèn，作笨重解者为“从人、本声”的形声字；读 tǐ，作“體”字简体者为从“人”、从“本”的会意字。有同为形声字而声符来源不同的，例如，“适”，读 kuò，作疾速解者，“从辵、舌（原形为‘’，为‘括’、‘活’等字之所从）声”；读 shì，作“適”字简体者，“从辵、舌（原形为‘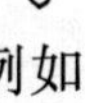’是舌头的舌）声”。有同为形声而形符取意角度不同的，例如，“锡”，读 cì，作赐予解者，“金”旁指钱财；读 xī，作金属名者，“金”旁指类属。至于文字流变导致混同的情形，就更复杂了。

第六节 同源字

一、什么是同源字

同源字一词，在古汉语研究领域中并不鲜见。《汉语大词典》给它下的定义是："音、义相同或相近，属同一语源的字。"这与同书给同源词下的"音义相关，由同一语源滋生的词或语素"的定义实无多大差别。所以，许嘉璐主编的《古代汉语》干脆断言："在古代汉语中所谓同源字，也可以说就是同源词。"陆宗达、王宁虽然不在同源字与同源词之间画等号，却也认为"同源字是同源词的表现形式"，"同源字之间的本质联系是音近义通"。

其实，这种将同源字与同源词混而为一，或者将记录同源词的字理解为同源字的认识是欠妥当的。语源是"语词的声音和意义的起源"。词是寄义于声的，把属同一语源的词称作同源词自然是正确的。但对以形记音、义的文字，特别是属于表意文字体系的汉字来说，情形就不一样了。汉字产生以前，汉语已经有了相当长时间的发展，人们既无必要，亦无可能先对语源来一番探究，然后再循语源流变线索去造字。文字的创制，是以表达某一具体事物的个别符号开始的，而文字的繁衍，则是以这些个别符号为基础孳乳开来的，因此，文字的创制与孳乳发展，都应以形义为联系，它与语源不是一回事。同源字所同之源，应该是字源，即造字之源。

所谓同源字，应该是指具有共同的造字之源的字，同源字之间的本质联系是形义的关联。

二、字源的层级与系列

汉字字源的研究，已有很长的历史。《说文解字》以 540 部首统摄 9 353 字，"同条牵属，共理相贯"，"分别部居"，"据形系联"，绝不仅仅为字书编纂或检索的方便实用，"引而申之，以究万源"，也绝不仅仅为探求字的本义，这当中实际上包含着许慎对这 9 353 字是如何从这 540 个基本形体中孳乳出来的探讨与阐释的良苦用心。540 个部首，其实就是许慎心目中的 540 个字源。

当然，以 540 部首为各部字源，这只是一种十分笼统的认识。仅就部首字有独体有合体这一点就可看出，540 部首并不都处在同一层级上，例如："从"、"比"、"北"等部，其部内字都分别以它们为源头，但它们又都得以"人"为源头，它们虽都与"人"同为字源，却属不同的层级。至如"口—吅—哭"更属三个层级，"口—言—誩"、"口—言—音"更属不同的分支系列，而各部之内，也还有不同的层级系列。近人黄侃即曾指出，"玉"部"自瓅以下，皆玉名也；自璧以下，皆玉器也；自瑳以下，皆玉事也；自瑀以下皆附于玉者也；殿之以灵，用玉者也"。探究字源，对各层级的大大小小的源头与系列的把握是至关重要的。

三、同源字分析举例

同源词之间的本质联系是音义的关联，探寻同源关系的线索是声；同源字之间的本质联系是形义关联，探寻同源字的线索是形。可以标示同源字关系的形，大致可分两类：一类是形符，一类是声符。

有相同形符的几个字中，如果与该共有形符有某种共同联系的，它们可能是同源字。以"氵"符为例。

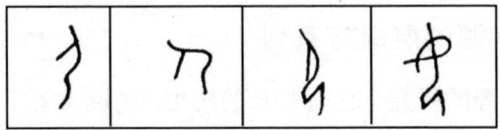

第一形像人高坐（夷人坐姿）形；第二形像人俯伏形；第三形像人跪坐（中原人坐姿）形；第四形像两手交叉胸前的跪坐（女人坐姿）形。同为侧立人形演化而来的不同姿态象形字，属一同源系列。

| 身 | 股 | 膝 | 项 |

同为侧立人形加指示标志构成的表人体部位的指事字，属一同源系列。

| 从 | 比 | 北 | 化 |

同为两侧立人形位置关系组合的会意字，属一同源系列。

上面几组字都可以说是以"㇏"符为总源头的同源字，但探源仅以总源头的层级为限，就未免太笼统了，于文字学研究也无太大意义，因此，必须深入最基层的层级系列，不但对主干，而且对支流甚至支流的支流都要详加梳理，才能把握住整个文字源流体系的。

可以标示同源字关系的声符，主要是指有古今字关系的一类字的声符。在古今字中，今字是由古字发展分化而来的，古字可以讲是今字的源字。在有相同声符的几个字中，如果各字均与该声符构成古今字关系的话，它们应属同源字。

例如，"支"，本义为去竹的支条，《说文解字》："去竹之支也，从手持半竹。"又用指一般花木的枝条，《诗·卫风·芄兰》："芄兰之支，童子佩觿"，这个意义后来写作"枝"；还用指人体之四肢，《易·坤》："正位居体，美在其中，而畅于四支。"孔颖达疏："四支，犹人手足。比于四方物务也"，这个意义后来写作"肢"。是"枝"、"肢"同源于"支"。

又如，"叉"，本义为手指相交错。《说文解字》："手指相错也。"引申指一般的交错、交叉，可用指树干歧出的枝，《广雅·释木》："叉，股枝也。"王念孙疏证："叉，与杈同，手指相错谓之叉，树枝相错谓之杈，其义一也。"又可用指形似叉的古代妇人首饰，段玉裁的《说文注》："凡歧头皆曰叉，是以首笄曰叉，今字作钗。"是"杈"、"钗"同源于"叉"。而衣衩的"衩"亦当归入此行列。

此外，"辟"与"避"、"辟"与"闢"、"辟"与"僻"、"辟"与"譬"、"辟"与"嬖"分别构成古今字，它们都以"辟"为源字，"避、闢、僻、譬、嬖"便属一组同源字。

第八章　正确认识和掌握汉字的形音义

汉字经过几千年的发展，在简化、声化、规范化方面确有长足的进展。但总的来说，它的性质并未发生根本的变化。总数在 6 万字以上的汉字，仍然是由数以百计的偏旁为基本构件组成的，这些偏旁或表意，或标声，略无一定，其组合方式或左右并列，或上下相重，或内外包藏，每无定格，一个字往往看到形不一定能读出音，读出音不一定能写出形，读出音也不一定能懂得义。其复杂的程度，在世界文字领域里，仍然是相当突出的。不充分认识其复杂性，要正确掌握和使用汉字是十分困难的。

第一节　正确认识和掌握汉字的形体

一、认识汉字字形的复杂性

（1）标音的字和不标音的字在形式上并无区别。例如：

盂—秀　笃—算　扈—扁　鼐—孕　沐—休
牲—甦　漳—擤　视—社　芋—穿　芯—意
问—闹　衡—衍

（2）形声字的声旁与形旁既无固定的位置，又无特别的标记。声旁在右，例如："棋、姑、钉、磁、谨"等字。

声旁在左,例如:"期、胡、顶、鹉、觑"等字。
声旁在上,例如:"基、含、娶、贸、膏"等字。
声旁在下,例如:"箕、琴、戢、崩、篙"等字。
声旁在外,例如:"闻、衡、凤、辩、氣"等字。
声旁在内,例如:"阁、衢、匪、楸、氧"等字。
声占一角,例如:"旗、瘵、跷、聽、徒"等字。
形占一角,例如:"腾、赖、题、疆、颖"等字。

(3)"省声"、"省形"既无一定的规律,又无特别的标志,容易给形声字的标声、表意带来混乱;尤其是有的偏旁减省之后便与别的偏旁混同,从字面上很难辨别出它是省声还是非省声。例如:

"珊",从"玉"、"删"省声;"栅",从"木"、"册"声。

"纣",从"糹"、"肘"省声;"村",从"木"、"寸"声。

"鲚",从"鱼"、"沙"省声;"杪",从"木"、"少"声。

有的是不同的声旁采用了相同的省体符号,从字面上也很难看出它是哪一个偏旁的省体。例如:

"莺",从"鸟"、"荧"省声;"莘",从"牛"、"劳"省声。

"琉",从"玉"、"流"省声;"梳",从"木"、"疏"省声。

有的声旁原来就是一个冷僻字,即使把原形写出来,也还不易读出它的音来。例如:

"袭",从"衣"、"龖"省声。
"霎",从"雨"、"喜"省声。
"閵",从"隹"、"門"省声。

虽然省声、省形为数不算太多,但亦足以引起我们的重视。

(4)隶变引起了笔画结构的改变,一些声旁与形旁变得面目全非,已经失去了标音与表意的作用。例如:"成"从"丁"声,"布"从"父"声,"更"从"丙"声,"春"从"屯"声,根据隶变以后的形体,都已经无法辨认。

又如:"照"的火旁,"鸟"的腿爪和尾巴,"马"的腿足和尾巴,"鱼"的尾巴,"燕"的尾巴,隶变以后都混同为"灬",原来的意义已无法看出来。

再如:"并"、"卧"、"危"、"北"都有相同的形符"人",隶变以后侧立的人分化为"亻、卜、勹、匕"等多种形体,原义当然亦看不出来了。

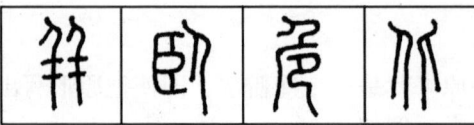

（5）有些字的偏旁位置移动后，仍然是同一个字；有些字的偏旁位置移动后，却变成了另一个字。例如：

$$\begin{cases} 概 = 槩 \\ 枷 \neq 架 \end{cases} \begin{cases} 甜 = 甛 \\ 部 \neq 陪 \end{cases} \begin{cases} 裏 = 裡 \\ 襄 \neq 裸 \end{cases}$$

$$\begin{cases} 略 = 畧 \\ 晕 \neq 晖 \end{cases} \begin{cases} 群 = 羣 \\ 裧 \neq 衿 \end{cases} \begin{cases} 鄰 = 隣 \\ 邬 \neq 鸣 \end{cases}$$

（6）意义相近或相关的形旁，在一些字中相互替换后，仍然是同一个字；在一些字中相互替换后，却变成了另一个字。例如：

$$\begin{cases} 詠 = 咏 \\ 谈 \neq 啖 \end{cases} \begin{cases} 迹 = 跡 \\ 遍 \neq 蹁 \end{cases} \begin{cases} 熔 = 镕 \\ 炒 \neq 钞 \end{cases}$$

$$\begin{cases} 磚 = 塼 \\ 破 \neq 坡 \end{cases} \begin{cases} 撰 = 譔 \\ 抵 \neq 诋 \end{cases} \begin{cases} 歌 = 謌 \\ 歇 \neq 谒 \end{cases}$$

（7）读音相同或相近的声音，在一些字中相互替换后，仍然是同一个字，在一些字中相互替换后，却变成了另一个字。例如：

$$\begin{cases} 蝶 = 蜨 \\ 揲 \neq 捷 \end{cases} \begin{cases} 栖 = 棲 \\ 洒 \neq 凄 \end{cases} \begin{cases} 酬 = 醻 \\ 洲 \neq 涛 \end{cases}$$

$$\begin{cases} 跷 = 蹻 \\ 娆 \neq 嬌 \end{cases} \begin{cases} 琉 = 瑠 \\ 流 \neq 溜 \end{cases} \begin{cases} 鞋 = 鞵 \\ 洼 \neq 溪 \end{cases}$$

（8）形旁和声旁都不相同的字，在通常情况下自然也是音、义都不相同的，但有些字虽然形旁与声旁都不相同，却又确实是同一个字。例如：

迹＝蹟　　裤＝绔　　村＝邨　　暖＝煖

帆＝颿　　妆＝粧　　吁＝籲　　骆＝駕

有时甚至用不同造字法造出来的字，也是同一个字。例如：

$$\begin{cases}床（会意）\\ 牀（形声）\end{cases} \quad \begin{cases}泪（会意）\\ 涙（形声）\end{cases}$$

$$\begin{cases}枲（会意）\\ 琴（形声）\end{cases} \quad \begin{cases}闞（会意）\\ 嫖（形声）\end{cases}$$

（9）简化汉字有不少地方突破了六书的局限，规律性不那么明显。不同的偏旁可以用同一简化形体，同一偏旁在不同的字内的简化方式又往往不同。例如：

$$\begin{cases}艱\rightarrow 艰\\ 雞\rightarrow 鸡\\ 鄧\rightarrow 邓\\ 對\rightarrow 对\\ 觀\rightarrow 观\end{cases} \quad \begin{cases}舉\rightarrow 举\\ 學\rightarrow 学\\ 興\rightarrow 兴\end{cases} \quad \begin{cases}舉\rightarrow 举\\ 譽\rightarrow 誉\\ 與\not\rightarrow 兴\end{cases}$$

$$\begin{cases}僅\rightarrow 仅\\ 謹\not\rightarrow 议\end{cases} \quad \begin{cases}鄧\rightarrow 邓\\ 橙\not\rightarrow 权\end{cases}$$

（10）用同音假借法精简汉字字数的做法，造成了异字同形的现象，有完全归并的，例如：

$$\begin{matrix}穀\\ 谷\end{matrix}\Big\}谷 \quad \begin{matrix}後\\ 后\end{matrix}\Big\}后 \quad \begin{matrix}醜\\ 丑\end{matrix}\Big\}丑 \quad \begin{matrix}裏\\ 里\end{matrix}\Big\}里 \quad \begin{matrix}幾\\ 几\end{matrix}\Big\}几$$

也有不完全归并的，例如：

$$\left.\begin{matrix}乾\\幹\\干\end{matrix}\right\}干 \quad \left.\begin{matrix}夥\\伙\end{matrix}\right\}伙 \quad \left.\begin{matrix}藉\\借\end{matrix}\right\}借$$

"乾湿、乾亲"的"乾"可作"干"，"乾坤、乾隆"的"乾"仍得作"乾"；"夥计、合夥"的"夥"可作"伙"，作多解时仍得作"夥"；"藉口、凭藉"的"藉"可作"借"，"慰藉、狼藉"的"藉"仍得作"藉"等，也应特别注意。

（11）有很多偏旁甚至单字的形体结构十分相似，很易造成混乱。例如：

$$\left\{\begin{matrix}礻\\衤\end{matrix}\right. \quad \left\{\begin{matrix}阝\\卩\end{matrix}\right. \quad \left\{\begin{matrix}十\\忄\end{matrix}\right. \quad \left\{\begin{matrix}小\\水\end{matrix}\right. \quad \left\{\begin{matrix}圡\\土\end{matrix}\right.$$

$$\left\{\begin{matrix}段\\叚\end{matrix}\right. \quad \left\{\begin{matrix}束\\朿\end{matrix}\right. \quad \left\{\begin{matrix}戍\\戌\end{matrix}\right. \quad \left\{\begin{matrix}管\\菅\end{matrix}\right. \quad \left\{\begin{matrix}盲\\肓\end{matrix}\right.$$

对这类形近偏旁，我们学习和使用时就要特别小心，事实上，将"迎"写成"迎"，将"恭"写成"恭"，将"登"写成"鐙"，将"假"写成"假"，将"切"写成"切"的现象，都是常见的。

二、正确掌握汉字的形体，避免写错字和别字

1. 注意书写的准确性，不要随便增减笔画和改变笔画的形态

有不少汉字是靠笔画的多少（如："大"与"太"）、笔画形态的差异（如："天"与"夭"）、笔画布置的不同（如："太"与"犬"）来区别的，"横'戍'、点'戌'、'戊'中空，开口

'己'、半口'巳'、闭口'巳'",相差确实只有一点点,如果学习时不留意,使用时就把握不准,写了错别字,不但会引起误会,甚至会造成损失。据报道,乌鲁木齐市挂面厂在日本印制的精美挂面塑料包装袋,因为"乌鲁木齐"的"乌"印成了"鸟"字,致使塑料袋报废,损失金额达人民币16万元。一点之误,损失竟达16万元,这不能不说是一个沉痛的教训。下面这些字,形体非常相近,容易造成混淆。

士—土　未—末　囟—囪　免—兔
要—耍　弋—戈　氐—氏　刀—刃
戎—戒　隹—佳　幻—幼　斤—斥
勿—匆　子—孑　允—充　夕—歹

还有一些是因受形近字影响而写错,以致写得不成字的。例如(括号内为正确写法,括号外为错误写法):

刍(刍)　且(且)　武(武)　染(染)
展(展)　匀(匀)　具(具)　哉(哉)
执(执)　表(表)

2. 抓住形旁与字义的关系,正确选择形旁,避免形近偏旁的混淆

例如:

"礻","示"的变形,本义是神主;"衤","衣"的变形,原义是上衣。与神事有关的字,如"礼、神、祖、祸、福、祈、祷"等,都从"礻",不得从"衤";与衣物有关的字,如"衫、裤、裙、被、袜、袖、补、初"等,都从"衤",不得从"礻"。如果将这两个偏旁混淆起来,如将"被"写成"祓"或

将"祫"(大合祭)写成"袷"(衣无絮),不论写了错字,还就是写了别字,都会给读者的理解带来麻烦。

"小"、"忄"的变形;"氵"、"水"的变形。与心理活动有关的字,如"恭、慕、忝"以及以这些字为偏旁的"埭、添、舔、捺、綦"等字,都从"小",不得从"氵";与水有关的字,如"泰、漆、滕"等,都从"氵",不得从"小"。

"卩",甲骨文作"ᘰ",像跽坐的人形;"阝",甲骨文作"ᙎ",是"邑"的变形(指"阝"在右旁)。与人的动作有关的字,如"印、却、卸、叩、即"以及以它们为偏旁的"脚、御、节、仰、迎、抑"等字,都从"卩",不得从"阝";与城邑、国别、姓氏有关的字,如"郭、都、邦、邻、邮、郑、邓",都从"阝",不得从"卩"。

"癶",甲骨文写作"ᗯᗰ",是两趾相背状;"癶",甲骨文写作"ᗘᗙ",是以手持肉状,即"祭"的初文。与足部动作有关的字,如"登"、"癹"("拨"的初文)、"癸"以及以它们为偏旁的"橙、澄、瞪、凳、發、癸、葵、揆、暌、暌"等字,都从"癶",不得从"癶";以"祭"为偏旁的字,如"蔡、察、際(际)、擦、礤、镲、檫、嚓"等字,都从"癶",不得从"癶"。

此外,"聚"字从"乑"(众立),不从"豕";"旅"字从"㫃"(从),不从"氏"或"氐";"步"的下部从"少"(屮),不从"少";"辛"字从"辛"(刑具),不从"幸",等等,都必须抓住形旁与字义的关系去加以鉴别。还有"十"与"忄"、"日"与"月"、"月"与"目"、"贝"与"目"、"冫"与"氵"、"辶"与"廴"、"亻"与"彳"、"扌"与"木"、"采"与"釆"等偏旁,都是常会混淆的,只有认真辨析它们的意义,才能少出错误。

3. 抓住声旁与字音的关系，避免形近偏旁的混淆

例如：

"今"与"令"。"含、念、贪、吟、琴、矜、衿、衾、芩、岑、黔、钤"等字都以"今"为声旁，古音相同或相近，不得从"令"；"冷、泠、铃、玲、零、聆、龄、岭、领、伶、羚、翎、蛉、苓、瓴、呤、柃、囹"等字都以"令"为声旁，读音亦与"令"相近。

"束"与"朿"。"速、涑、觫、敕、蔌、嗽"等字都以"束"或从"束"得声的字为声符，加上以从"束"的"剌"字为声符的"喇、瘌、赖、辣（不见于《说文解字》，当为'剌'省声）"等字，都从"束"，不得从"朿"；"刺、策"等字以"朿"为声旁，不得从"束"。

"臽"与"舀"。"陷、馅、焰、阎、谄、萏"等字都以"臽"为声，不得从"舀"；"稻、蹈、滔、韬"等字都以"舀"为声符，不得从"臽"。

"叚"与"段"。"假、葭、蝦（两声字）、霞、暇、遐、瑕、蝦（虾）"等字以"叚"为声；"锻、缎、椴、煅"等字以"段"为声，亦不得混淆。

此外，例如（括号内为正确写法，括号外为错误写法）：

纸（纸） 迎（迎） 抓（抓） 抹（抹）
低（低） 贸（贸） 弧（弧） 味（味）
荒（荒） 赐（赐） 预（预） 吞（吞）
流（流） 畅（畅） 柔（柔） 切（切）

这些错别字，如能抓住声旁与字音的关系去分析，都是可以避免的。

所以，正确掌握汉字的音读，对于正确掌握汉字的形体也是

关系极大的。

三、重视汉字字形的规范化

异体繁多是学习和使用汉字的最大障碍,如果不实行字形结构的规范化,让异体字随意泛滥,自然会加重学习者的负担。如果只学过"骗"与"腰",在看到"騙"与"𦟛"时,就肯定会感到为难。既然"紊"与"纹"、"陪"与"部"同样只是偏旁位置移动一下,就成了另一个字,那又怎敢轻易相信"骗"与"騙"、"腰"与"𦟛"会是同一个字呢?为了不在阅读时感到为难,除了把一个字的各种写法都学会外,恐怕没有别的办法了。有些字的异体是相当多的,例如,"蚓"字,就有"蚓、蛕、蚘、疝"等多种写法,学一个字要用五倍的劲,在讲求效率的今天,实在是太不合算了!所以,废除异体字,是一件意义重大的事情,必须引起我们的重视。

国务院文化部和国家文字改革委员会在 1955 年 12 月联合发布的《第一批异体字整理表》是实现汉字字形规范化的重要文件,必须继续贯彻执行;但现在仍然有大量的异体字存在,还需要做进一步的整理。整理异体字的一般原则是:

(1) 从俗。即选用通行面较广的,废除笔画较生僻的。例如:

怪(恠)　年(秊)　碗(盌)　罪(辠)
歡(懽)　春(旾)　渺(淼)　暖(暵)

(2) 从简。即选用笔画较简的,废除笔画较繁的。例如:

烟(煙)　焰(燄)　凶(兇)　针(鍼)
锈(鏽)　唇(脣)　脉(脈)　踪(蹤)

(3) 书写方便。即对部位可以移动的字，一般选用横行书写较顺手的。例如：

略（畧）	峰（峯）	群（羣）
鹅（鵝）	裙（裠）	墩（墪）

也有少数几个上下结构的字，例如："拿（𢪏）、蟹（蠏）、岸（㟁）"，因为群众习惯用，仍选定为规范字。

除了废除异体字之外，我们还要限制方言字的使用。例如，潮州方言字"呾"（义同"说"），客家人写的"偃"（义同"我"），四川人写的"拤"（义同"扛"），苏州人写的"朆"（义同"不曾"），粤方言区的"乜"（义同"什么"）等，这些方言字的应用范围很窄，对于各方言区的交际和普通话的推广都极为不利，我们应该尽量不使用方言字，更不能去创造方言字。

第二节 正确认识和掌握汉字的读音

一、认识汉字字音的复杂性

汉字字音的复杂性，与汉字形体的复杂性一样，在整个世界文字领域里，都是非常突出的。标音的形声字占汉字总数的 90% 以上，按理说，从字面上认识一个字的读音，在大多数情况下，都应该是没有问题的。但是，在实际生活中，读错字或者因读错字而导致写错字的现象却经常发生，以至利用形声结构规律去认字的"秀才识字读半边"和"有边读边，无边读中间"一类话语，竟成了对读别字者的嘲讽。正确掌握汉字的读音，显然不是一件容易的事情，有很多复杂的因素是需要认真加以研究的。

1. 古今字音变化

语言是在不断变化的，语音也在不断地演变。古今音读往往有很大的差异，例如："终风且霾，惠然肯来。莫往莫来，悠悠我思！"（《诗经·邶风·终风》）上古以"霾、来、来、思"为韵，以今音考察，"思"与"来"押韵确实很难理解，但结合从"思"得声的"腮、鳃、揌、毸"等字均读 sāi 的情况看，"思"字古读如 sāi 却又是可信的。

在形声字中，同一个声旁组成的字分化出两种以上读音的现象相当普遍，与古今音变是很有关系的。例如：

{ 彼披疲陂鲅被帔
{ 波玻跛破坡颇

{ 苔胎怠跆鲐邰骀怠殆迨骀给
{ 治笞始
{ 怡诒饴眙贻

{ 锗赭奢
{ 猪煮著诸箸渚藸褚楮薯暑署
{ 堵赌睹都屠

{ 侄室致桎蛭郅轾室
{ 羍垤

此外，像"爹"与"移"均从"多"声，"特"与"待"均从"寺"声，"夸"与"库"都可作"裤"字的声旁，"红"、"扛"与"江"的声旁都是"工"等，在造字的当时，都是合于音韵的要求的，由于古今音变，声旁与字音的原有关系被打破了，就变得不好理解了，如果还按照"有边读边，无边读中间"的办法去读，自然会出错。

2. 方言读音的分歧

一些字在甲地读音相同，在乙地却有明显区别；一些字在甲地读音有别，在乙地却又并无不同。有京音同而粤音异的（京音用汉语拼音注音，粤音用《广州话拼音方案》注音）。例如：

xiu { 休 [yeo¹] / 修 [seo¹] }　　guo { 郭 [guog³] / 锅 [wo¹] }

qing { 清 [qing¹] / 轻 [hing¹] }

yan { 宴 [yin³] / 艳 [yim⁶] }　　jian { 键 [gin⁶] / 箭 [jin³] }

也有粤音同而京音异的。例如：

[fun¹] { 宽 (kuan) / 欢 (huan) }　　[gui³] { 季 (ji) / 桂 (gui) }

[cug¹] { 速 (su) / 促 (cu) }　　[yeo¹] { 丘 (qiu) / 休 (xiu) }

此外，如南京话的"奈"与"赖"、上海话的"声"与"申"、烟台话的"乱"与"烂"、长沙话的"恢"与"飞"、昆明话的"郁"与"抑"等，在它们的方音中都没有区别，但在北京音中，却又可以清楚地把它们区别出来，可见方音的歧异对汉字的音读是有重要影响的，推广普通话，让汉字的音读得到统一，确有必要。而要学好普通话，研究方言与普通话语音的异同和对应关系具有十分重要的意义。

3. 同音字的大量存在

汉字总量在6万以上，汉语音节才1 000左右，同音字会大量存在是显而易见的。仅就《新华字典》所收的字而言，普通话读 bì 音的字就有 51 个：

币必邲苾闷泌毖铋秘闭毕哔荜跸庇陛毙狴榌蓖箅陂
畀痹箅贲敝蔽弊庳婢睥裨牌愎鼊弼赑滗辟壁薛避躄臂璧
襞壁碧髀潷

读 lì 音的字亦有 45 个：

力荔历坜苈呖呖沥枥疠雳厉疬励砺蛎粝立苙粒笠吏
丽俪郦利俐莉猁痢例戾唳缡隶栎轹砾跞鬲栗傈溧篥詈

同音字这么多，使用起来很容易造成混乱，要少写别字，就要很好辨明同音字的字义。

4. 多音字的大量发生

汉字除了有异字同音的现象之外，还有一字多音的情形存在。同一个字在不同的场合有多种不同的读法，各种不同的读法往往反映着各种不同的意义，是不能随便乱读的。这类情形在汉字中，为数还是不少的。例如：

参 { 参 (cān) 观 / 参 (cēn) 差 / 人参 (shēn) }

差 { 差 (chā) 别 / 参差 (cī) / 出差 (chāi) }

和 { 和 (hé) 谐 / 附和 (hè) / 和 (huó) 面 }

强 { 强 (qiáng) 迫 / 勉强 (qiǎng) }

读 { 读 (dú) 书 / 句读 (dòu) }

藏 { 宝藏 (zàng) / 收藏 (cáng) }

便 { 方便（biàn） / 便（pián）宜

觉 { 睡觉（jiào） / 发觉（jué）

中 { 中（zhōng）国 / 中（zhòng）伤

这种一字多音的现象，是最不好掌握的，尤其是出现在一些人名或地名里的时候。传说有一个叫"乐乐乐"的学生，就把一个博学多才、擅长古音韵的老秀才难倒了。是读 yuè yuè yuè 呢？还是读 yuè lè lè？抑或读 yuè luò luò？最后还得请这个学生解围，原来读作 yuè yào lè，"乐"表爱好的意思时念 yào。可见，多音字的问题，确是值得我们重视的。

5．声旁与字音关系的复杂化

关于这个问题，在第四章的第三节里已做过介绍，此从略。

二、正确掌握汉字的音读，避免读错字和读别字

假如不能正确掌握汉字的音读，这不但在讲读时会使听者发生误会，而且在书写时也往往会因读错而导致写错，影响文字表达的效果，因此，正确掌握汉字的音读，是十分重要的。

1．注意容易受形近字影响而误读的字

例如：

{ 窠 kē / 巢 cháo }   { 祟 suì / 崇 chóng }   { 棘 jí / 辣 là }

{ 赢 léi / 赢 yíng }   { 斡 wò / 干 gàn }   { 麤 zǔ / 塵 chén }

{ 陡 dǒu / 徒 tú }   { 粟 sù / 栗 lì }   { 鏖 áo / 塵 chén }

第八章　正确认识和掌握汉字的形音义　·243·

$$\begin{cases} 肓\ huāng \\ 盲\ máng \end{cases} \quad \begin{cases} 菅\ jiān \\ 管\ guǎn \end{cases} \quad \begin{cases} 荼\ tú \\ 茶\ chá \end{cases}$$

2. 注音容易因读半边致误的字
例如：

"赡（shàn）"，不读"詹（zhān）"。
"玷（diàn）"，不读"占（zhàn）"。
"怙（hù）"，不读"古（gǔ）"。
"诣（yì）"，不读"旨（zhǐ）"。
"酗（xù）"，不读"凶（xiōng）"。
"愎（bì）"，不读"复（fù）"。
"绽（zhàn）"，不读"定（dìng）"。
"濒（bīn）"，不读"频（pín）"。
"滓（zǐ）"，不读"宰（zǎi）"。
"臀（tún）"，不读"殿（diàn）"。
"幄（wò）"，不读"屋（wū）"。
"忾（kài）"，不读"气（qì）"。
"馁（něi）"，不读"妥（tuǒ）"。
"讦（jié）"，不读"干（gàn）"。
"揠（yà）"，不读"匽（yān）"。
"蹙（cù）"，不读"就（jiù）"。
"骋（chěng）"，不读"粤（pīng）"。
"岚（lán）"，不读"风（fēng）"。

　　有些常见的形声字，其声旁作单字独立出现机会较少，我们也不能按这个形声字去类推。例如：

"冗（róng）"，不能按"沉（chén）"字类推。

"兆（zhào）"，不能按"姚（yáo）、桃（táo）"或"跳（tiào）"字类推。

"殳（shū）"，不能按"役（yì）"或"投（tóu）"字类推。

"曳（yè）"，不能按"洩（xiè）"字类推。

3. 注意容易受同旁字影响而致误的字
例如：

"怅（chàng）"，易受"帐、胀"等字影响读成 zhàng。

"沂（yí）"，易受"祈、颀、圻"等字影响读成 qí。

"悼（dào）"，易受"掉"字影响读成 diào。

"庇（bì）"，易受"屁"字影响读成 pì。

"桓（huán）"，易受"恒"字影响读成 héng。

"恙（yàng）"，易受"姜"字影响读成 jiāng。

"炽（chì）"，易受"织、职"等字影响读成 zhī 或 zhí。

"辍（chuò）"，易受"缀"字影响读成 zhuì。

"焙（bèi）"，易受"培、赔"等字影响读成 péi。

"绌（chù）"，易受"拙"字影响读成 zhuō。

"悛（quān）"，易受"俊、骏"字影响读成 jùn。

"郴（chēn）"，易受"彬"字影响读成 bīn。

"隅（yú）"，易受"偶、耦"等字影响读成 ǒu。

"蓦（mò）"，易受"暮、墓"等字影响读成 mù。

"遒（qiú）"，易受"猷"字影响读成 yóu。

此外，如"蠲（juān）"不以"蜀"为声，不能按"镯"字类推读zhuó；"赧（nǎn）"不以"赤"为声，不能按"赦（shè）"字类推；"恬"为"甜"省声，不可效"刮（guā）"字类推；"飻"（同"饕"）为"珍"省声，不可效"诊"读zhěn；"荦"为"劳"省声，不可效"莹"读yíng；等等，也都需要认真注意。

4. 注意多音字在不同场合的不同读音

除了谈汉字读音复杂性时列举之外，较常见的多音字还有：

塞 { 塞（sāi）子
       边塞（sài）

奇 { 奇（qí）怪
      奇（jī）偶

稽 { 稽（jī）查
      稽（qǐ）首

校 { 学校（xiào）
      校（jiào）对

燕 { 燕（yàn）子
      燕（yān）京

华 { 华（huá）丽
      华（huà）山

三、重视汉字读音的规范化

"言语异声，文字异形"之影响交际，战国时代人们就已经感觉到了。秦始皇书同文字，使文字标准化、规范化，解决了"文字异形"的问题，建立了千古奇功。但"言语异声"的问题，虽然历代学者都做过不少努力，却一直未能得到很好的解决。新中国建立后，大规模地推广普通话，就是解决这一问题的重要措施。

第三节　正确认识和掌握汉字的字义

一、认识汉字字义的复杂性

汉字字义的复杂性，也是相当突出的。

本来，象形字、指事字、会意字的构成都从表意着眼，而形声字的形旁亦可起到帮助我们理解字义的作用，按理说，从字面上掌握一个字的意义，应该是不会十分困难的。但是，我们必须知道，在汉字产生的时候，语言里的词已经相当发达了，由字形所体现的原始造字意图的字义，仅仅是语言里词的某一个义项而已，或者是某一义项在个别事物上的具体化，所以，一个字字面上的意义，同它所记录的语言里的词的意义是不完全等同的。加上汉字经过隶变之后，作为表意基础的象形符号已经变得不那么象形了，这也在一定程度上削弱了汉字表意的作用。至于社会的发展，生产的变革，事物关系的改变，人类认识水平的提高，都直接或间接地影响着字义的发展和变化。所以，所谓汉字"一形一义"的局面是并不存在的。仅就《中华大字典》为例，简单的"一"字就收有 32 个义项，而"中"字的义项竟达 44 个之多，字义的复杂性由此可见一斑。具体来说，有如下几种表现。

（一）一字多义

1. 引申造成的一字多义

字义的引申是语言中词义引申的反映，一般都与字形所体现的字面意义有关。字义引申有扩大、缩小和转移三种方式。

（1）字义扩大的。例如："河"，原指黄河，扩大为凡水道之称。"江"，原指长江，扩大为凡大河之称。

（2）字义缩小的。例如："臭"，原指一般气味，缩小为专指坏气味。"禽"，原指一般鸟兽，缩小为专指鸟类。

(3) 字义转移的。例如：兵，原指兵器，转移为士兵。去，原指离开，转移为前往。

字义越引申，与本义的距离越远，义项也越来越多，通过字的形构去理解字义就越难。

例如："间"字，本义为门缝，《晏子春秋》："其御之妻从门间窥其夫"的"间"字即用本义。引申可指一般缝隙，再引申可指空间（物与物的缝隙）、时间（时与时的缝隙）、机会（事与事的缝隙，《指南录》后叙："到京口，得间奔真州"的"间"即用此义）、隔阂（人与人的缝隙，《后汉书·皇后纪》："母子慈爱，始终无阡介之间"的"间"即用此义），又再引申，可指小路（行走于缝隙之间，《史记·高帝纪》："从骊山下，道芷阳间行"的"间"即用此义），又可指偷偷（抄小路即偷偷的暗中行为。《史记·高帝纪》："又间令吴广之次所丛祠中……"的"间"即用此义），还可以引申出离间（挑开隔阂，《史记·廉颇蔺相如列传》："赵王信秦之间"的"间"即用此义），更可引申指间谍（专事离间的人，《史记·廉颇蔺相如列传》："秦间来入，赵奢善食而遣之"的"间"即用此义），引申可造成一字多义是十分明显的。

2. 假借造成的一字多义

字义的引申一般都同本义密切相关，也还多少可以从字面上推想出来，而字义的假借，则只有声音上的联系，与原字的本义或引申义都不相干。例如："辟"字，本义指法律、法度，但古书中借作它用的范围极广；借表躲避义，"姜氏欲之，焉辟害"（《左传》）；借表开辟义，"欲辟土地，朝秦楚"（《孟子》）；借表邪僻义，"苟无恒心，放辟邪侈，无不为已"（《孟子》）；借表譬如义，"君子之道，辟如行远，必自迩；辟如登高，必自卑"（《中庸》）。一字而借表五六义，假借造成一字多义的情形，于此可见一斑了。虽然后来另造新字分担它的意义的不少，但未造新字分担的也不在少数，这还只是属于"本无其字"的假借而已，典籍中还有不少本有其字的假借。例如：

"叛"，本有其字，或借表田界的"畔"字为之。

"非"，本有其字，或借表筐筐的"匪"字为之。

"早"，本有其字，或借表跳虫的"蚤"字为之。

"伸"，本有其字，或借表"诚也"的"信"字为之。

这类本有其字的假借，一般叫作"通假"，古书中的"通假"大多遵循一定的习惯，但"通假"现象不排除有一时因音近而误，或者是因习惯而写的别字，（在民间书写品中）有时甚至是书写者不认识这个字而随便用一个同音字代替的，这种现象极易造成字义理解的混乱，如果书写者以方音为依据去借用同音字的话，所造成的混乱就更加厉害了。例如：广州话"存"与"全"同音，"因"与"恩"同音，"圣"与"性"同音的，如果把"全部"写成"存部"，把"恩德"写成"因德"，把"神圣"写成"神性"，别的方言区的人就很难理解得到了。

这里还想指出的是，假借之后再作引申的情形也是有的。例如："须"字，本义为"胡须"，借表等待后，再由等待引申为需要，又再引申为应当等。

3. 字义在不同时、不同地使用习惯的差异

古今字义使用习惯不同的。例如："偷"，古义为苟且，今义的偷，古用盗、窃。"病"，古义小病叫疾，大病才称病，现在病无论大小，一概称病，或疾病连用。"捉"，古义为握，今义的捉，古用捕。"回"，古义为拐弯，今义的回，古用返。

不同地域使用习惯不同的。例如："讨"，一般作讨伐、探寻解，吴方言可用为"娶"，"娶老婆"称作"讨老婆"。"到"，一般作到达解，赣方言可用作虚词，等于"着、和、给"，"坐着吃"称"坐到吃"，"拿给我"称"拿到我"。"紧"，一般作紧密解，粤方言可表动作正在进行，"我正在打球"称"我打紧

球"。"着",一般作接触解,粤方言可用为"穿","我穿衣"称"我着衫"。

如果不了解不同时、不同地用字的不同习惯,是很难确切理解一个字在具体语言环境中的含义的。

(二)异字同义现象的大量存在

字义的引申,假借以及不同时、不同地的使用习惯差异等,不仅发生了一字多义的情形,而且造成了异字同义的现象。

有的是为解决同一事物有不同叫法的问题而专门造字所造成的。例如:

"枯,槁也;槁,枯也。"
"歌,咏也;咏,歌也。"
"杀,戮也;戮,杀也。"
"诚,信也;信,诚也。"

不同的形体,不同的读音,而意义相同,这自然是汉字字义复杂性的表现了。但这类字除了增加了一些记、认时的负担之外,尚不会造成什么混乱。

有的是因字义的引申、假借使字义扩大以后才造成同义的。例如:

"卬、吾、台、予、朕、身、余、言,我也。"
"初、哉、首、基、肇、祖、元、胎、俶、落、权舆,始也。"
"靖、惟、漠、图、询、度、咨、诹、究、如、虑、谟、猷、肇、基、访,谋也。"

这些字,其本义各不相同,而经过引申或假借以后,也都可以表达一个相同的意思,本义与引申义、假借义的交错,一字多义与异字同义的交错,等等,如果不多加注意,就很容易造成混乱了。

(三)形声字的意符表意功能局限性很大

(1)只能给人一个笼统概念,例如:"艹"旁字,只能表明都与草有关，而这个"有关"则是多方面的。

"蓲"，水边草也（草名）。

"蓁"，草盛貌（草貌）。

"苾"，馨香也（草的气味）。

"萆"，雨衣（草制品）。

"萎"，食牛也（草的功能）。

《说文解字》草部共收 445 字，基本都是靠声符做区别的，"草"这一形旁的表意作用是很微的。

（2）字义的引申、假借，使意符的表意作用更显薄弱。例如：

"骇"，"从马、亥声"，本意为马惊，引申为凡害怕之称后，"马"旁的表意作用就不那么明显了。

"弛"，"从弓、也声"，本意是把弓弦放松，引申为凡放松之称后，"弓"旁的表意作用亦不那么明显了。

"雅"，"从隹、牙声"，为"鸦"的本字，借为"雅俗"的"雅"字后，"隹"旁便失去表意作用了。

"常"，"从巾、尚声"，是"裳"字的异体，借为"经常"的"常"字后，"巾"旁便失去表意作用了。

引申义与形旁多少还有些关系，假借义与形旁却是不相干的，形旁的表意作用实际已等于零了。

（3）社会的发展使会意字及形声字的义符的表意作用失掉时效。例如：

"为"字的"役象助劳"，"男"字的"力田为男"，"妇"字的"女持帚为妇"，等等，都已非今时观念。

"枪"已不是木造，楼、桥也已改用钢筋水泥，买卖已经不用"贝"，氢弹、导弹的弹亦非用弓发射，"木、贝、弓"等意符的表意作用，亦已跟不上时代的要求了。

以上所谈的都是汉字字义的复杂性，目的亦在引起人们的重视，以便在学习和使用汉字时，能够更好地掌握、理解它的含义。

二、正确掌握汉字的含义，力求准确用字

如果不能掌握汉字的含义，在记录语言时，就很容易把字用错，出现一般所谓写别（白）字的现象，影响文字记录语言的准确性，有时还会引起一些误会与纠纷。这是很值得我们重视的。

写别字的根本原因自然是未能掌握好字义，而导致写别字的直接原因，则是形近字、同音字和近义字的大量存在。对形近字、同音字、近义字的辨析，乃是避免写别字的关键。

（一）抓住形旁与字义的关系，区别形近字的含义，避免形近字的混淆

例如：

"裁"，做衣服，从"衣"。"栽"，栽种树木，从"木"。"裁剪、裁缝、体裁、裁定、裁减、制裁、独裁、别出心裁"，都与裁剪有关或从裁剪引申出来，不得作"栽"；"栽种、栽植、栽培、栽赃、栽跟头"，都与栽种有关或从栽种引申出来，不得作"裁"。

"栗"，栗子，属果类，从"木"。"粟"，粟米，属谷类，从"米"。"栗子、栗色、火中栗"的"栗"不得作"粟"；"粟米、沧海一粟"的"粟"不得作"栗"。另外，"栗"常用作"慄"的借字，作颤抖解，如"战栗、不寒而栗"，亦不得作"粟"。

"唳"，指鹤叫，从"口"。"泪"，指泪液，从"氵"。"风声鹤唳"的"唳"不得作"泪"；"眼泪"的"泪"不得作"唳"。

$$\begin{cases} 漱口 \\ 咳嗽 \end{cases} \quad \begin{cases} 冶炼 \\ 治理 \end{cases} \quad \begin{cases} 炕头 \\ 坑道 \end{cases} \quad \begin{cases} 铿锵 \\ 悭吝 \end{cases}$$

$\begin{cases}珍贵\\暴殄天物\end{cases}$　$\begin{cases}赡养\\瞻仰\end{cases}$　$\begin{cases}晴朗\\眼睛\end{cases}$

$\begin{cases}鞭笞\\苔藓\end{cases}$　$\begin{cases}管窥蠡测\\草菅人命\end{cases}$　$\begin{cases}感恩戴德\\怨声载道\end{cases}$

  这一类字，都可用这种方法加以区别。有些字不但形近，而且音同，自然更容易混乱，但同样可以用这一方法加以辨析。例如：

  "燥"，缺少水分，指气候、环境，从"火"。"躁"，性急，不冷静，多指人的心情，从"足"。"干燥、燥热、山高地燥"的"燥"，不得作"躁"；"急躁、暴躁、浮躁"的"躁"不得作"燥"。

  "密"，原指像殿堂的山，所以从"山"，多用作亲近或隐蔽。"蜜"，原指蜜蜂，所以从"虫"，多用作甜美的意思。"秘密、密谋、精密、紧密、密切、亲密"的"密"不得作"蜜"；"甜蜜、蜜枣、蜜月、口蜜腹剑"的"蜜"不得作"密"。另外，"密语"指说秘密话，与"甜言蜜语"指甜美的话语的"蜜语"不同。

  "脑"，是人体器官，所以从"月（肉）"。"恼"，原意为恨，关乎心理、感情，所以从"忄（心）"。"脑袋、脑海、脑力劳动"的"脑"不得作"恼"；"苦恼、烦恼、恼火、恼羞成怒"的"恼"不得作"脑"。

  "搏"，原指捕捉，所以从"扌"（手），常作搏斗，跳动。"博"，原指多，大，所以从"十"，常用为取得，亦指古代的一种棋艺。"搏击、拼搏、脉搏"的"搏"不得作"博"；"渊博、地大物博、博得、博取、赌博"的"博"不得作"搏"。

第八章　正确认识和掌握汉字的形音义

$\begin{cases}怛怆\\扭转\end{cases}$　$\begin{cases}锻炼\\训练\end{cases}$　$\begin{cases}谍报\\通牒\end{cases}$　$\begin{cases}抵触\\诋毁\end{cases}$

$\begin{cases}耽搁\\虎视眈眈\end{cases}$　$\begin{cases}震撼\\振奋\end{cases}$　$\begin{cases}涣散\\焕发\end{cases}$　$\begin{cases}书籍\\慰藉\end{cases}$

$\begin{cases}腊肉\\蜡烛\end{cases}$　$\begin{cases}防止\\妨碍\end{cases}$　$\begin{cases}骄傲\\矫情\end{cases}$　$\begin{cases}提纲\\题目\end{cases}$

$\begin{cases}大概\\愤慨\end{cases}$　$\begin{cases}跨越\\胯下之辱\end{cases}$　$\begin{cases}成绩\\积累\end{cases}$　$\begin{cases}培植\\陪伴\end{cases}$

$\begin{cases}辨别\\辩论\end{cases}$　$\begin{cases}安静\\干净\end{cases}$　$\begin{cases}笑容可掬\\鞠躬尽瘁\end{cases}$

类似以上的词语，都可用这一方法辨析。

（二）结合具体语言环境，辨析同音字的字义，避免同音字的混淆

有些字的形体并不相似，字义亦各有差别，但它们的读音相同，使用起来也常会发生混乱。究其原因，一是对所用的词理解得不够清楚，二是对同音字的字义区别不够明确。因此，用字时要不受同音字的干扰，结合具体的语言环境，辨析同音字的字义，是十分重要的。

例如："米珠薪桂"这个成语，说的是米贵得像珍珠，柴贵得像桂木的意思，因为都是形容物价贵的，而"贵"与"桂"又同音，所以，使用这一成语时，有些人便将它写成"米珠薪贵"了。如果我们能从语法角度进行分析，选择与"珠"字词性相同的"桂"字，而不选择与"珠"字词性相异的"贵"字，则是十分自然的。对于"沽名钓誉"与"孤名钓誉"、"明珠暗投"与"名珠暗投"、"古色古香"与"古色古乡"、"薄物细故"与"薄物世故"等成语，都可按此辨析（"细"与"世"

方言同音)。

又如:"滥竽充数"这个成语,被一些人写成"烂芋充数",变成烂芋头充数了。如果我们看过《韩非子·内储说》,知道南郭先生不会吹竽却在吹竽的乐队里充数的故事,就不会出现这类错误了,对于"夜郎自大"与"夜狼自大"、"老马识途"与"老马识图"、"守株待兔"与"守猪待兔"、"再接再厉"与"再接再励",等等。如能了解其来历,也就不会错了。

再如:"循循善诱",是指善于有步骤的引导,强调的是"有步骤",所以用"循循",不用"恂恂"(诚实、恭敬的样子)或"谆谆"(恳切);"崭露头角"指的是出人头地,是向上突出,而不是上下暴露,所以用"头角",不用"头脚";"惺惺惜惺惺"是指聪明人爱惜聪明人,写作"猩猩惜猩猩"意思就大不一样了。

当然,无论从语法角度或词语来历与词语的意义等角度分析,都离不开对同音字字义区别的认识。例如:

"刻",原指雕刻,引申为深入;"克",原义为肩负,引申为能、胜。"深刻、刻苦、刻意"的"刻"不得作"克";"克服、克敌、攻克、克制"的"克"不得作"刻"。

"繁",指繁多、复杂;烦,指事多而不可耐,多与心理有关。"繁复、繁忙、繁杂、繁难、繁荣"的"繁"不得作"烦";"烦恼、烦闷、烦扰、烦躁"的"烦"不得作"繁"。

"需",希望得到的意思,也指需要的东西;"须",一定要的意思。"需求、军需"的"需"不得作"须";"必须、无须"的"须"不得作"需"。另外,"需要"是指希望得到,"须要"是指一定要得到,意思也不相同。

"退",指向后移动,可引申于人、物、事;"蜕",指动物脱下的皮与脱皮的动作,也可喻人事。"退色、退避、退换"的

"退"不得作"蜕";"蜕变、蝉蜕、蛇蜕"的"蜕"不得作"退"。"退化"一般指机能减退以至消失,"蜕化"则指虫类的脱皮或比喻人的变质,两者也有区别。

"奋",多表示振作、积极向上的精神;"愤",多表示因不满而产生的恼怒和激动。"振奋、兴奋、奋发、奋斗、奋不顾身"的"奋"不得作"愤";"气愤、愤怒、愤慨、愤世嫉俗、愤愤不平"的"愤"不得作"奋"。另外,"激奋"是指激动振奋,"激愤"是指激动愤慨;"奋发图强"强调精神振作,"发愤图强"强调下决心,都有区别。

(三)正确辨析近义字,避免用字混淆

汉字中还有这样一种情形,有些字虽然形体不一定相似,读音也不一定相同,但由于字义十分相近,以致使用起来颇易发生混淆。辨析这些近义字在意义上的细微差别,就十分重要了。下面所举的,都是一些较为常见的容易混淆的近义字,都是需要多加注意的。

"趁(chèn)"与"乘(chéng)"。两者都有利用机会去行动的意思。如,"趁机、趁便、趁势"与"乘机、乘便、乘势"在意义上都是相通的。但"趁"字在时间上有紧迫感,后续行动较紧凑,如:"趁早、趁热打铁、趁风起帆"的"趁",就不得作"乘";"乘"字在时间上没那么紧迫,有些钻空子的意思,如"有隙可乘、乘虚而入、乘人之危"的"乘",就不得用"趁"。另外,"乘"的本义是坐、驾的意思,"乘肥马、衣轻裘"及"乘风破浪"的"乘",均不得作"趁"。

"堕(duò)"与"坠(zhuì)"。两者都有落下来的意思。"坠"是垂直的落下,"坠毁、天花乱坠、摇摇欲坠"的"坠",习惯上都不用"堕";"堕"是一般的落下,"如堕烟海"的"堕",习惯上也不用"坠"。小孩出生叫"坠地",人工流产叫"堕胎";一般物体的落下叫"坠落",思想品质往坏里变叫"堕

落"，两者是不相混的。

"疼（téng）"与"痛（tòng）"。两者在指由疾病或创伤引起的难受感觉方面是相同的，如"头疼、肚子疼"也可作"头痛、肚子痛"，但"疼"引申作爱惜、喜欢解时，不能用"痛"，如"疼爱"不能作"痛爱"，"心疼"一般指爱惜，与指生理上的心觉得难受的"心痛"不同；而"痛"引申作悲伤、极度时，也不能用"疼"，如"痛心"指极度伤心，"痛快"指极其愉快等，都不能作"疼"。

"缘（yuán）"与"沿（yán）"。两者都指边缘，都可引申出顺着的意思，但"沿"是指水边，范围较大，"缘"指衣边，范围较小；"沿"的顺着有前后因循的意思，"缘"则主要在上下攀缘方面。"攀缘、缘木求鱼"的"缘"不得作"沿"；"沿袭、沿革、沿途、沿海、床沿、边沿、前沿"的"沿"不得作"缘"；"缘"字另有"缘分、缘故、缘起、缘由"等用法，亦不得作"沿"。

附录 1

现代汉字研究概况

张青松

　　现代汉字就是记录现代汉语普通话所用的汉字。它与我们前面提出的"今文字"的概念不同，今文字是以汉隶为上限的，它所记录的两汉语言，仍是古代汉语范畴，就是在楷书成熟的晋唐时代，书面语言仍以文言为主，通用汉字仍以记录古代汉语为主要职责，与记录现代汉语普通话所用的现代汉字是不同的。从字量上说，现代汉字是书写规范化现代汉语必须用到的汉字的全体，但不包括只在记录古代汉语时才使用的那部分汉字；从字体上说，它是以印刷宋体字和手写楷书字为代表的方块字；从字音和字义上说，它是以现代汉民族共同语的语音和语义系统为基础的，但不涉及它们在记录古代汉语时使用的古音、古义以及在某些方言中的方音与字义，也不包括记录某些方言的用字，它只注重现代通用汉字的形、音、义的分析研究，而不管其来源如何。显然，它跟现代使用的汉字不是一回事。

　　现代汉字学是以现代汉字为研究对象的一门学科，它主要研究现代汉字的属性和应用，它的任务是对汉字发展的现阶段的状况加以描写分析，从而制定出汉字各项规范的标准，以便于今天和明天的运用，为现代社会服务。这是 20 多年来兴起的汉字学的一个分支学科，其内容包括：

(1) 现代汉字的范围、性质和特点；
(2) 现代汉字的字形、字义、字音以及字量、字序；
(3) 现代汉字的书写和字体；
(4) 现代汉字的教学；
(5) 现代汉字的信息处理；
(6) 现代汉字的简化、整理及其发展前途。

第一节 现代汉字的字量、字形、字音、字序

一、现代汉字的字量

字量是指不同单字的数量。

从古到今，汉字的总字数究竟有多少，恐怕没有人能够准确回答。东汉许慎的《说文解字》收字9 353个（不含重文1 163个），大致可反映东汉以前的字量，但新近出土的商周甲骨文、金文及战国秦汉简帛却证明《说文解字》收字还是有较大的遗漏。南朝梁顾野王的《玉篇》收字22 726个，北宋陈彭年等的《广韵》收字26 194个，明代梅膺祚的《字汇》收字33 179个，清朝的《康熙字典》收字47 035个，1990年徐中舒主编的《汉语大字典》则收字56 000个左右。显然，汉字的总字量很大而且呈递增趋势。不过，总字数中包括一个字在历史演变中的各种形体，如古文、篆文、古隶，还包括一个字的各种变体，如俗字、奇字、讹字、误字等。据统计《康熙字典》中的异体字就有40%。因此，每个历史时期通常使用的汉字字数应该是比较稳定的。

现代化和信息化要求汉字实现定量，包括汉字总字数的定量和汉字的分级定量（主要是通用字和常用字的定量）。

现代汉字是从古代汉字发展而来的，据丁方豪《现代汉字造字法探索》统计，传统汉字占现代汉字的75%左右，简化字约占20%，新造字和借用字（借用古代汉字的形体，音义均无联系）约占4%。

苏培成的《现代汉字学纲要》做了一个粗略的估计，他根据《汉字频度统计》有字种5 991个，《现代汉语频率词典》中的《汉字频率表》有字种4 574个，《现代汉语字频统计表》中的《社会科学·自然科学综合汉字频度表》有字种7 754个，三项相加，去掉重复，从而得出现代汉字的总字量是10 000多个。

根据频度和使用度，现代汉字可以分为通用字、常用字和罕用字三类。通用字就是书写现代汉语一般要用到的字。罕用字和通用字是相对而言的，一般是频度和使用度较低的字，其中大部分是生僻的专业用字。常用字是经常要用到的字，它们的频度高、使用度高、构词构字能力强，是识字教学的主体。

根据周有光的"汉字效用递减率"（即汉字出现频率不平衡规律），《汉字频率表》中最高频的前1 000个字，对现代汉语书面语的覆盖率为90%，以后每增加1 400字，可提高覆盖率十分之一，即前2 400字（可视为现代汉字最常用字）的覆盖率为99%（增9%），前3 800字（可视为现代汉字常用字的字量）的覆盖率为99.9%（增0.9%），前5 200字的覆盖率为99.99%（增0.09%），前6 600字（可视为现代汉字通用字的字量）的覆盖率为99.999%（增0.009%），即掌握了前1 000个汉字，即可认识现代汉语书面语的90%，掌握了2 400字，即可认识现代汉语书面语的99%。

关于通用字，可以看下面一些具体数据：

1965年1月，文化部和中国文字改革委员会联合发布的《印刷通用汉字字形表》收6 196字（不包括排印古籍和科技书以及人名、地名里的罕用字）。

1981年5月，国家标准总局发布的GB2312-80《信息交换用汉字编码字符集·基本集》收6 763字。

1983年，邮电部出版的《标准电码本》（修订本）共收7 292字（简化字）。

1988年3月25日，国家语言文字工作委员会和中华人民共和国新闻出版署联合发布的《现代汉语通用字表》，共收7 000字，其中包括《现代汉语常用字表》的3 500字。该字表主要根据《印刷通用汉字字形表》增删而成，是国家规定的字表，全面体现了新中国成立以来汉字整理和简化的成果。

关于常用字，我们先看几部有影响的现代白话文著作所用的字种数：

毛泽东的《毛泽东选集》，2 981字。

老舍的《骆驼祥子》，2 413字。

赵树理的《三里湾》，2 069字。

1988年1月26日，国家语言文字工作委员会和国家教育委员会联合发布《现代汉语常用字表》，共收3 500字。其中包括一级常用字2 500个，二级次常用字1 000个。总的覆盖率是99.48%，而一级常用字的覆盖率达97.97%。

二、现代汉字的字形

字形分析是汉字研究的重要内容。传统的"六书"适合分析古文字，对于隶变后的形体已经不太适用。为此，有的学者试图提出一种适合古今汉字的造字理论。如张玉金的"新四书"包括表义法、表音法、音义法和记号法。用这种理论分析出来的汉字结构类型有六种，即意符字、音符字、意音字、意音记字、半记号字、记号字。而苏培成提出的"现代汉字的新六书"，即会意字（如"删、孬、晶、楞、灭"等）、形声字（如"砖、拥、护、油、懈"等）、半意符半记号字（如"布、蛇、鸡、炉、栗"等)、半音符半记号字(如"球、纪、华、胜"等)、独体记号字(如"子、而、本、书"等)、合体记号字(如"鱼、特、听、头、射"等)。

苏培成认为字形分析包括溯源分析和现状分析。溯源分析以某个字产生时的字形作为分析对象,而现状分析以当前楷书规范字形作为分析对象。对许多字来说,两种分析的结果是一致的。例如:"杲、尖、掰、孬"等字都是会意字;"搬、懊、株、荷"等字是形声字。但有不少字却不一样。又如:"日、手、户、矢"等字,溯源分析是象形字,现状分析是记号字;"江、桃、刻、盆"等字,溯源分析是形声字,现状分析是半意符半记号字。现代汉字学侧重于现状分析,一般不做专门的溯源分析。

现状分析又分为外部结构分析和内部结构分析。汉字的外部结构指纯粹的字形外观结构,一般不涉及字音和字义,不涉及构字的理据。在外部结构分析中,汉字的构字成分分为三个层次,即笔画、部件和整字。它对汉字教学和汉字的计算机编码输入具有重要意义。汉字内部结构指与字音、字义有联系的汉字构成成分的组合。分析内部结构就是从字形的现状入手,研究字形与字音、字义的关系,从而说明构字的理据,得出现代汉字的构字类型。它对识字教学也是很有帮助的。

分析汉字的外部结构,得到的基本构字单位是部件;分析汉字的内部结构,得到的基本构字单位是字符。部件和字符的含义是不同的。字符根据它与整字和音义的(指现代汉语普通话读音和意义)关系,可以分为意符、音符和记号三类。凡是与整字在意义上有联系的是意符,与整字在读音上有联系(只考虑声韵)的是音符,与整字在意义和读音上都没有联系的是记号。字符和传统汉字学的偏旁相当,字符本身不再分析,因为独体字本身是一个整体,所以也就没有分析的必要了;但部件还可以分为一级部件和二级部件等。两种分析方法得到的结果有可能相同，也可能不同。相同的，如"构、记、娱、恼"等字都是左右结构，"字、帮、等、悲"等字都是上下结构；不同的，如"徒、颖、施、荆"等字，分析外部结构当为左右结构，但分析内部结构就不同了："徒"拆分为右上的"土"和左加右下的"彳"，"颖"拆分为左下的"禾"和右加左上的"顷"，"施"拆分为左加右上的"𠆢"和右下的"也"，"荆"拆分为左上的"艹"和右加左下的"刑"。

三、现代汉字的字音

汉字的读音十分复杂，有古音，有今音，有共同语（先秦叫雅言，汉代开始叫通语，明代改称官话，辛亥革命以后又称国语，解放后叫普通话），有为数众多的方音；另外还有一字多音和一音多字；再加上汉字本身没有完备的表音符号；这些都给汉字字音的学习和使用带来许多困难。现代汉字的字音研究首先是定音，要研究如何确定现代汉字的标准读音，还要研究规范异读字、减少多音字、整理同音字。

普通话以北京语音为标准音，而北京语音中存在着一批异读词。例如，"质量"的"质"，有人读去声，也有人读上声，"波浪"的"波"，有人读"b"，也有人读"p"。要规范异读字，首先要对异读词的读音进行审定，消除异读。

1956年，中国科学院语言研究所成立普通话审音委员会，负责对异读词进行审音。1963年10月，文字改革出版社出版《普通话异读词三次审音总表初稿》。1982年6月，重建普通话审音委员会，对《普通话异读词三次审音总表初稿》进行修订。1985年12月27日，《普通话异读词审音表》公布施行。

多音多义字简称多音字，指一个字有两个或两个以上的读音，而不同的读音又联系着不同的意义。据统计，《新华字典》（1971年）有734个多音多义字，约占总字数的10%。《现代汉语词典》收字大约有 11 000 个，其中多音多义字大约有 1 000 个，约占总字数的 10%。

多音多义字的来源主要有两个，一是词义的引申。例如，"背"，由脊背（去声）引申为用脊背驮（阴平）。二是文字的假借，有些是用同音替代法简化汉字造成的。例如，"斗"；有些则是用作译音字，如"打"。

减少多音多义字的方法主要有改读和改写两种。改读就是改变语言中某些词语的读法，被改掉的读音多数是罕读或次常读，而这些读音大多是传统的读书音。例如，"叶公好龙"的"叶（she）公"改读为"叶（ye）公"。改写就是不改变语言中词语的读法，而是调整字形与语素的配合关系，改换写法。例如，由"那"分化出"哪"。

同音字是指意义不同而读音相同的一组字。按字形是否相同可分为同形同音字和异形同音字。普通话有 1 200 多个带调音节，而通用字有 7 000 个，平均每个音节有 5.8 个通用字。也就是说，大约每 6 个通用字就有一个同音字。但实际上同音字在每个音节的分布很不均匀。而且，同音字多，并不等于同音词也多。用汉语拼音输入汉字，选择同音字是最麻烦的，但利用汉语词汇多音节化的规律，基本上可以解决这个问题。

四、现代汉字的字序

字序就是文字的排列顺序。在生产、生活和科学实验中，字序的应用十分广泛。工具书的编排，图书、档案等各种目录的编制，人名、地名的排列，汉字在计算机中的代码，都要用到字序。

我国古代的字序法主要有三种：以《尔雅》为代表的义序法；以《说文解字》为代表的形序法；以《广韵》为代表的音序法。进入 20 世纪后，以部首法为代表的传统字序法受到了很多批评。新形势迫使人们改进传统的字序法，研究新的字序法。

首先是黎锦熙的《四系七起笔新部首》。起笔分为四系，即点、横、直、撇，另外再加上横折、直折、撇折，成为七起笔。它完全打破了据义归部的传统，贯彻了据位（左上方）归部的原则，可惜没有得到应用。

其次是《新华字典》对部首的改革。但不同的辞书在立部和归部上未能统一，给读者带来诸多不便。部首法是汉字字序中不可缺少的方法，应该尽快实现部首法的标准化。

随着注音字母和汉语拼音方案的施行，新的音序法也逐渐成熟起来。注音字母于 1913 年制定，1918 年公布施行，在中国内地一直使用到 1958 年汉语拼音的诞生。使用音序法检字，前提是必须知道所查检的字的普通话读音，所以，音序法固然方便，但其运用仍然受到一定的限制。

为了突破部首法与音序法的局限，人们又设计出号码法。号码法属于形序法的范畴，实际上是笔形代码法，它规定一套笔形和代码的转换规则。号码法有许多种，其中最通行也是最早出现的是四角号码检字法。它是由王云五在 1925 年提出来的，商务印书馆出版的许多工具书都附有这种检字法。《现代汉语词典》就是如此。这种方法的优点是方便、迅速。缺点是笔形和代码之间没有根据，需要死记。

第二节　现代汉字的应用

现代汉字的运用包括两个方面，一个是人与人之间的交际，一个是人与计算机之间的交际。

先讲人机界面的应用。汉字是记录汉语的书写符号系统，它在历史上所起的作用前面已经有过详细的介绍。现代汉字是记录现代汉语的书写符号系统，它的主要应用当然是记录现代汉语。用现代汉字记录下来的普通话就是现代白话文，这种书面语在国家的现代化建设和人们的日常生活中具有极其重要的作用。我们学习和研究现代汉字，目的就在于更好地阅读和写作，充分发挥现代白话文的作用。现代汉语书面语以口语为基础，又反过来给口语以积极的影响。通过书面语，可以吸收文言词语、方言词语、外来词语并使新词语迅速传播开来。

由于汉字特有的结构和写字特有的工具，它除了发挥一般的文字实用功能以外，还具有艺术价值，这就是书法和篆刻。作为艺术创作，可以根据自己的兴趣、爱好和习惯选择各种字体，但也应提倡写规范字。

此外，汉字还广泛运用于印刷、打字和电报等方面。在机械运用方面，汉字明显落后于拼音文字。

多年来，有关方面努力推行汉字正字法，取得了一定成效，但近年来在社会用字方面出现了比较严重的混乱现象，具体表现为滥用繁体字，乱造简化字，随便写错别字。这表明我们许多人缺乏规范意识，也反映了现代汉字规范化工作急需加强。

现代汉字规范化主要包括字量、字形、字音、字序这四个方面，也就是说要做到"四定"：定量、定形、定音、定序。

下面再谈谈汉字在人机界面的应用。统一的世界可以分解为许许多多的系统，系统之间的相互作用有三种方式，那就是物质、能量和信息，传递信息的凭借物叫作媒体或载体。人类传播信息的第一媒体是有声语言，第二媒体是文字，第三媒体是电磁波。有了文字，信息可以超越时空的限制；通过电磁波，信息可以在一瞬间传遍世界。在这个知识爆炸的信息时代，人脑已经无法处理日益剧增的信息，于是人们利用电脑来帮忙。用计算机来处理语言文字所包含的信息，叫作语言信息处理。用计算机来处理汉语信息，就是汉语信息处理，又叫作中文信息处理。

计算机处理语言信息，主要通过文字。拼音文字只有几十个字母，使用小键盘就可以直接输入，而汉字必须进行编码才能输入计算机。汉字的输入方案五花八门,供小键盘输入使用的汉字信息特征编码的方案可以分为形码、音码、音形码和形音码几大类。

形码着眼于字形,提取字形特征信息进行编码。形码不管字的读音,可以区分同音字。王永民的五笔字型编码法主要利用汉字的字根,属于字根码(也叫部件码);李金铠的笔形编码法,主要利用笔形,属于笔画码。

音码输入实际上是拼音转换法,就是输入语音由计算机自动转换为汉字。音码使用的都是汉语拼音,有音素制输入、双拼输入、紧缩输入等多种输入法。

音形码是以音为主、以形为辅,用形来区分同音字。形音码则以形为主、以音为辅。

1987年,陈一凡提出"字为基础,词为主导,智能处理"的汉字编码思想,使汉字键盘输入技术上升到一个新的台阶。

第三节 汉字的评价

文字是文化的载体,有强烈的民族性和继承性。不同时代的不同阶级和阶层对文字常常有不同的看法。汉字也是如此。

一、中国古代的汉字神圣论

从汉代到清代,小学始终是为解经服务的。在中国古代社会里,经学是古代文化的主体,是封建统治阶级治理天下的思想武器,有着极其崇高的地位。小学因此成为一门显学,汉字也因此受到人们的重视,成为一种神圣甚至是神秘的东西。《说文解字·叙》:"盖文字者,经艺之本,王政之始,前人所以垂后,后人所以识古。"在古人看来,汉字是经学的根本,治国的基础,而不仅仅是记录汉语的书写符号系统。《淮南子·本经训》:"昔者仓颉作书,而天雨粟,鬼夜哭。"既然汉字的地位这么崇高，那么它的出现肯定是一件惊天动地的大事了，怪不得在汉代人的一些著作里，仓颉被神化了，对汉字的出现也增添了不少神秘主义的色彩。《论衡·骨相》："仓颉四目。"《春秋·元命苞》："仓帝史皇氏，名颉，姓侯冈，生而能书。"

二、切音字时期的汉字观

"切音字"是从 1892 年到 1911 年产生并在一定范围内推行过的各种汉语拼音方案的总称。这一时期的语文改革运动就叫作"切音字运动"。当时把拼音叫切音，也叫合音。1892 年，福建人卢戆章用自己设计的字母出版了一本厦门方言的拼音教程《一目了然初阶》，又叫《中国切音新字厦腔》。20 年间，人们提出的汉语拼音方案保留至今的有 28 种之多。

切音字倡导者认识到汉字繁难，妨碍了教育的普及、知识的传播。他们从普及教育的立场出发，主张切音字与汉字并列，在一定程度上破除了汉字神圣论，为建立汉字工具论奠定了基础。

1913 年，当时的教育部召开"读音统一会"，制定了一套"注音字母"并于 1918 年正式公布。这套字母来源于古汉字，采用三拼制音节拼写法。它前后推行了 40 年，在识字教学、推广国语、统一汉字读音、普及拼音知识等方面，发挥了重要的作用。

三、汉字革命论的主张

五四运动时期，新文化运动的倡导者彻底否定了汉字神圣论，高呼汉字革命，主张废除汉字。

1923 年，钱玄同、黎锦熙、赵元任等人组织"国语罗马字拼音研究委员会"。

1928 年，大学院（教育部）公布了国语罗马字，作为"国音字母（即注音字母）第二式"。这套字母采用 26 个拉丁字母，实行音素制，使汉语拼音的字母形式由汉字笔画式逐渐向拉丁化转变。

1931 年产生的拉丁化新文字是由当时在苏联的瞿秋白、吴玉章、林伯渠、萧三和苏联学者龙果夫等人共同研制的。它同样采用 26 个拉丁字母，主要用来拼写北方话。

这一时期的学者对汉字的认识带有浓厚的反传统的倾向。他们全盘否定汉字，主张用拼音文字代替汉字，国语罗马字和拉丁化新文字就是在这种思想影响下产生的。

四、20 世纪五六十年代的汉字评价

新中国成立后，对汉字的评价继承了五四以来汉字革命的传统，认为汉字繁难，妨碍教育和科学的发展，必须对汉字加以简化和整理；但是摒弃了全盘否定汉字的观点，没有采取"废除汉字"的主张。

五、科学地评价汉字

"文化大革命"结束后，思想文化领域相对宽松，许多语言文字学家提出要全面地、科学地看待汉字，既要看到汉字的优点，又要看到汉字的缺点，从实际出发探讨汉字的理论问题和实际应用问题。

汉字的优点在讲汉字的性质特征时已经涉及，这里就不重复了。汉字的缺点和优点是分不开的。第一，初学难。由于汉字字形不表示字音（形声字的声旁表音作用是极其微弱的），也不能一见字形就知道字义，因此在初学阶段，在 500～1 000 字以内，学起来相当困难。第二，国际文化交流难。由于汉字是表意文字，不能记写别的语言，在文化交流方面是极为不便的。第三，文字的记写和传输机械化难。在打字机、电子计算机、电传打字机、机器翻译等方面，汉字明显不如拼音文字。第四，汉字不利于推广普通话。汉字具有超方言、超历史的优点，是以脱离口语

为代价的。要推广普通话，必须利用汉语拼音。

六、汉字优越论

汉字优越论以袁晓圆、徐德江为代表，他们成立汉字现代化研究会，后来改名为北京国际汉字研究会，并以《汉字文化》为阵地，宣传汉字能见形知义，"是科学、易学、智能型、国际性、优秀高雅的文字"。显然，他们片面夸大汉字的优越性，误导了汉字研究的方向。

第四节 汉字的前途

根据目前的认识，汉字将继续长期使用下去，它的地位是不会改变的。我们当前的任务是对汉字进行深入研究，总结汉字的发展规律，让它更好地为我们服务。具体地说，包括实现汉字的"四定"，即减少汉字学习和使用的困难，提高汉字的使用效率；改进汉字教学，提高汉字教学的效率；改进汉字的信息处理技术，促进中文的信息化、网络化的发展。

从殷商时期的甲骨文算起，用汉字记录的汉语书面语，已经有3 500年的历史。在过去的几千年里，在汉语书面语里，汉字是一统天下的。但这种局面在100多年来发生了变化。在今天的汉语书面语里，有三种不可或缺的成分都是外来的，分别是阿拉伯数字、拉丁字母、标点符号。

阿拉伯数字源于印度，经过阿拉伯人传到欧洲，因此，被欧洲人称作"阿拉伯数字"。可能在我国的明朝或者更早传到东方，在我国的应用则大概始于辛亥革命。首先是数理化教材和各种科学技术论著，然后发展到一般非科技论著。为了规范汉语书面语里数字的用法，国家语言文字工作委员会等七部委于1987年1月1日发布了《关于出版物上数字用法的试行规定》。1995

年国家技术监督局发布《出版物上数字用法的规定》。根据《出版物上数字用法的规定》，汉语书面语在下列情形一般要用阿拉伯数字：①统计表中的数值；②公历世纪、年代、年、月、日；③时、分、秒；④物理量量值；⑤非物理量，一般情况下应使用阿拉伯数字；⑥代号、代码和序号。

拉丁字母源于塞姆（或翻译为闪米特）字母，是由公元前 20 世纪居住在今叙利亚和巴勒斯坦一带的塞姆人，在古代埃及圣书字的基础上，吸收古代苏美尔人的楔形文字的原理形成的拼音文字。它的一支演变为希腊字母，传到罗马帝国就成为罗马字母。在罗马帝国时期，因为它被用来书写拉丁语，所以也叫拉丁字母。1605 年，意大利人利玛窦最早用来拼写官话，把罗马字母带到中国。清朝末年，西学东渐，罗马字母在中国的影响进一步扩大。在今天，汉语书面语已经无法拒绝拉丁字母。在以下情况一般要用拉丁字母：①直接引用西方文字、缩写；②科技符号；③产品代号；④汉语拼音及汉语拼音代号；等等。

传统的汉语书面语里只有句和读两种符号，刻书时一般不用，要由读书人一边读一边加上去。到了近代，白话文的应用日趋广泛，于是引进西方的标点。1897 年，中国最早的新式标点产生。1918 年，《新青年》正式开始使用新式标点符号。1920 年，获得北洋政府教育部批准。1951 年，中央人民政府出版总署公布《标点符号用法》，包括 14 种标点符号。1990 年国家语委和新闻出版总署联合公布修订后的《标点符号用法》，包括 16 种标点符号。1995 年国家技术监督局发布的国家标准《标点符号用法》是在前者的基础上略加调整而成。

汉字在现代语文生活中早已显现出某些不适应的方面，也就是说，在有些领域是汉字不便使用或不能使用的，需要汉语拼音去弥补这个不足。例如：①给汉字注音。在古代，具体地说是魏晋以后，人们长期使用反切的方法给汉字注音。由于汉字本身没有完备的表音符号，加上语音的演变，反切这种方法用起来很不方便。有了汉语拼音，就可以把字典上的反切转化为拼音，使一般读者可以方便快捷地利用工具书。②拼写普通话。用反切注音，无法准确地标注共同语的读音，要推广普通话，非有汉语拼音不可。③编制序列、索引。中国古代曾经用天干地支等编制序列、索引，但在今天这个信息网络时代已经完全不够用了。从图书档案、辞书检索到名册、户籍等，几乎都要用到汉语拼音序列。④拼写专名。⑤用作型号、代号。⑥用于交通、邮电。⑦用于中文信息处理。⑧制定手语和盲文。

最后讲讲拼音化的问题。所谓拼音化，就是用字母来拼写语言。1951年，毛泽东发出指示："文字必须改革，要走世界文字共同的拼音方向。"1986年举行的全国语言文字工作会议没有重申拼音化方向。这样，拼音化成为一个纯学术的问题。

汉语拼音能否成为正式文字取代汉字？这个问题非常复杂，从目前来看，既没有必要，也没有可能用汉语拼音去取代汉字。拼音化是不是世界文字发展的共同方向？赞同者有之，反对者有之。赞成者以周有光为代表，他认为文字的发展规律是从表形、表意到表音（《关于比较文字学的研究》，载《中国语文》，2000年第5期）。反对者以王宁等为代表，不同意世界文字发展"三阶段论"，主张"两种趋势论"。也就是说，表音和表意是文字发展的两种趋势。

我们认为，这个问题可以继续探讨下去，但不要急于下结论。汉字有汉字的特殊性，废弃汉字，就等于割断历史，恐怕得不偿失；为了和国际接轨，研究怎样让汉语拼音真正地记录汉语，倒是很有意义的事情。

附录2

篆书创作中的一些用字问题略议

赵 莹

篆书与楷书、行书、草书、隶书并称汉字五大书体，向来以其独特的结构形式和古雅的艺术韵味备受人们的钟爱。篆书在五大书体中最为古老，一般人难于识读，因此学习篆书除了要解决技法问题以外，还有一个识字的问题。

关于书法创作中能不能有错字，艺术界的朋友们有不同的看法。有的人认为只有保证用字的正确性，才能保证书法的文化高度，书法美感的创作才能有坚实的基础；也有人认为书法是一门艺术，只需要专注于形式美感的塑造，用字正误是无关紧要的，甚至是创造美感的包袱。我们认为这个问题大致可以从两方面看：一方面，从历史上看，篆书书法水平的发展与古文字研究水平的进步密切相关，例如清代篆书创作的繁荣和金石文字之学的大发展是密不可分的，说明古文字释读水平的提高不仅不是篆书艺术发展的包袱，而且还是强有力的助推器。另一方面，从艺术上看，用字的正确虽然不能直接产生美感，但这绝不意味着书法作品的用字和美感之间是没有关联的，相反，它们之间有着间接而微妙的复杂关系。我们很难想象一个对古文字少有认识的书法家能够准确地把握篆书的美，正如我们也无法想象一个目不识丁的人能够全面而深刻地感受书法中的美一样。懂草法的人看草书跟不懂草法的人看草书、懂古文字的人看篆书跟不懂古文字的人看篆书，接收到的信息必然有多寡之别，其感受也必然有本质的差异。这种差异无疑也会体现在书法的创作当中。关注错字不仅是着眼于错字本身，更重要的是，写错字反映出创作者对古文字不熟悉、不了解，这样无疑会在很大程度上影响作者对古文字书法中美感的把握和理解。因此，篆书书法家应该牢固树立一个观念：写错字不是无所谓的，更不是光荣的。那么，在篆书创作中容易导致文字误用的原因有哪些呢？我们认为主要有如下几个方面。

一、前人误释后人沿误

一般学科的发展都是后出转精的，古文字学亦不例外。前人误释的字在后来的研究中得到纠正的例子屡见不鲜，书法家也要做到与时俱进。

比如，宋人误释"🀰"为"高"，清人多沿误。其实，"高"字甲骨文作"🀰"、"🀰"、"🀰"等形，金文作"🀰"、"🀰"、"🀰"等形，与此字判然有别。所以清末学者孙诒让改释为"郭"，谓为城郭之象形，与表城垣之"墉"为一字，这种说法已得到学界公认。但不少书法家仍沿袭旧说，将"高原"的"高"写作"🀰"，将"高压郡西城"之"高"写作"🀰"。

又如，"🀰"字旧有"京"、"庸"、"就"等不同释读。1980年陕西长安县沣西新旺村出土了一件史叀鼎，铭文中有"日遹月匛"一辞，即《诗经·周颂·敬之》中的"日就月将"，故知释"就"是正确的。今人在创作书法作品时还常常沿用释"京"、释"庸"等旧说，就不妥当了。

再如，前人或释"🀰"为"花（華）"，后人改释为"萘"，为"拜（搽）"之所从，这种说法已为学术界普遍接受。

但仍有人沿用旧说，把"花"写作"❀"、"❀"。其实，"花"字金文多见，作"❀"、"❀"、"❀"等形，与小篆"花"字一脉相承。

还有，前人误"❀"为"俎"，近人改释为"宜"，且有中山王鼎"以征不宜（义）之邦"，"知为人臣之宜"，"宜曲则曲，宜直则直"一类文例为证，加上20世纪70年代出土的瘐壶上"羔俎"、"鱻俎"中"俎"作"❀"，使"俎"字有了着落。"❀（宜）"像陈肉于俎上之形，"❀（俎）"像案板，二者是绝不相混的。

前人误"❀"为"春"，早已为学术界否定。但仍有书家将"春"写作"❀"，其实，春字甲骨文有"❀"、"❀"、"❀"、"❀"等，金文有"❀"、"❀"、"❀"等形，均可选择。

类似的例子还有很多，比较常见的如前人误"❀"字为"孝"，近人改释"孛"，"❀"字旧曾释为"穌"，近人已改隶作"勮"，"❀"字旧误释为"相"，后改释为"眚"，旧释"❀"、"❀"等字为"龙"，近人已改释为"赢"（赢字古文），而"龙"字别作"❀"，但以"❀"为"龙宫"之"龙"者仍然常见。上面所举的这些例子有的在清代已经被改释，最晚的例子定谳至今也已经数十年，可见我们的知识是亟待更新的。

还应该指出的是，无论是多么高明的艺术家都难以跳脱出时代的局限，所以很多前辈大家的篆书作品中也有一些错字，这不是写错字的挡箭牌，更不能成为所谓的"依据"。在很长的一段时间内，在各种书法展赛评审中用字的问题曾经被放在了次要的地位，甚至只要作者能提供出处就不算错。近来中国书法家协会已经注意到了这种偏差，在评审工作中强调用字的正确性。这为书法家提出了更高的目标，要求书法家也应时常关注古文字学的新成果，起码懂得使用一些能够反映当前学术界普遍认识的工具书。

二、形近偏旁混淆致误

在篆书中，还有不少字在笔画形体上互相近似。如果我们对古文字学一无所知或一知半解，很容易混淆致误。比如，"✦（木）"、"✦（屮）"、"✦（丰）"在甲骨文中虽然形体接近但区别亦明显："屮"、"木"二字作为表义偏旁时常常可以通用，而"✦（丰）"字虽然也是一株植物的象形，但它在文字中常常充当表声偏旁，例如"封"字写作"✦"，上部就不能写作"屮"或"木"。甲骨文"春"可作"✦"、"✦"、"✦"或"✦"等形，有人写作"✦"却是不恰当的。

一些形近单字，无论作单字还是作偏旁均有微异，但仍有不少篆书作品"张冠李戴"。

1. ▯—○

"▯"向上出头，古文字中多表口或器皿盛器，"○"圆转不出头，可表城邑、圆圈、钉头等，二者形体有别，表义各异，但很多人却常常把"▯"、"○"弄混了。

把"国"字写作"✦"、"东"字写作"✦"、"四"字写作"✦"、"政"字写作"✦"、"损"字写作"✦"、"圆"字写作"✦"、"祀"字写作"✦"、"课"字写作"✦"，都是将不该出头的写出头了。还有把"田（田）"写成"田"，在商周文字中就变成"周"了，把"和"字右边的"▯（口）"写成"○"，就会变成了"私"字。

把"吉"写作"✦"、"艰（艱）"写作"✦"、"命"写作"✦"、"枯"写作"✦"，则是将该出头的写成不出头了，也是不对的。

2. ▱（甘）—▱（冃）—▱（日）

"甘"字向上出头,"冃"向下出头且不封口,"日"字圆转不出头,三者是不能相混的。

"脂"字所从之旨作"旨",从甘不从日,将"指"字写作"指"、"脂"字写作"脂"就是犯了这种错误。

"最"字小篆作"最",从冃取声,有的人写成了"最",是把"冃"旁错写成"日"旁了。

把"日"字写作"⊌(甘)"、"春"字写作"萅"、"晶"字写作"晶"、"阳(陽)"字写作"陽",都是把"日"旁错写成了"甘"旁。至于将"明"字写作"明",就更是将"日"旁写成"丹"旁了。

此外,"自、自(自)"左右两侧竖笔向上出头,"白"字作"白"不出头,将"白"写作"自",也属于这类毛病。

3. 林(林)—㭰(㭰)

"林"从二木,"㭰"从二朩,"木"、"朩"二字的不同之处在于"木"字下部垂出之笔与中轴相连,而"朩"字垂出之笔与中轴不相接触。从㭰之字主要有"散"、"麻"等,有的人把"散(散)"写作"散"、"摩(摩)"写作"摩"、"磨(磨)"写作"磨"、"霢(霢)"写作"霢",都是不正确的。当然反过来把"林"字写成"㭰"也是不恰当的。

与上述三组例子相似的情况是不胜枚举的,比较常见的还有"尘"字。"尘"字不见于殷商甲骨,不少人看到甲骨文中的"尘"字,与从鹿从土的"尘(塵)"字相近,便将它当"尘"字来用。其实,这是表示公鹿的"牡"字,甲骨文中还有表示公猪的"牡"字写作"牡",表示公羊的"牡"字写作"牡",这些字所从的"丄"是雄性生殖器的象形,而不是"土(土)"旁,这些也是要厘清的。

此外,有的书法家出于求新、求奇或补白的需要,很喜欢把直笔变成曲笔、把曲笔变成直笔。如果我们有这种习惯，就很容易把一个字或偏旁写错。例如，"大"字本作"🧍"，像人正面站立之形；而"矢"字作"🚶"，像人倾头状。因此，从大的"亦"不可以写作"🚶"。"桂（桂）"所从"圭"为二土，"𣏌（柱）"所从"𡉏"为从止王声的形声字，"桂"所从"土"上面一横不可变作弯笔。因此，把"桂"字写作"𣏌"、把"街"写作"𢖖"均不正确。类似的，"士"上面一横也不可变作弯笔，把"王摩诘"之"诘"写作"䜘"也是不恰当的。

三、不了解楷书和篆书的差异致误

隶变是汉字发展史上最为重要的一次变革。所谓"隶变"，简单言之就是从篆书转变为隶书。学者一般把隶变看作是汉字从古文字阶段转变为今文字阶段（隶楷阶段）的标志。在隶变的过程中，有的原来写法不同的字或偏旁被同化成了同一种写法，换句话说，有的字或偏旁在隶书、楷书中写法一样，但在古文字中写法是不同的。这种现象也很值得注意。

比如，楷书中"春"、"秦"、"泰"、"奉"、"奏"皆包含共同的部件"𡗗"，但小篆分别作"𦹩"、"𥢶"、"𡗜"、"𡘋"、"𡘎"。从清代开始就有人把"奏"字的上部和"日"旁拼在一起写作"𣊡"，当作是"春"字，这是没有弄清楚"春"、"奏"二字的源流所致。

又如"句（勾）"、"包"、"旬"诸字。这三个字在楷书中有相同的偏旁"勹"，但在古文字中，三字偏旁依次为"𠃌（𠃌）"、"勹（包）"、"𠣘（旬）"。有的人不懂得这一点，把"句"字写作"𠣘"或"𠣔"，把"旬"字写作"𠣐"或"𠣑"，把"包"字写作"𠣒"或"𠣓"，闹了笑话。

值得注意的还有"卖（賣）"、"夹"、"舌"等字和偏旁。

《说文》有两个楷书写作"賣"的字，一个篆书写作"🙾"，从出从買（买），即"买卖"的"卖"，一个篆书写作"🙾"，也是"卖"的意思，读若"育"，这个字大概很早就废弃不用了，所以古书多用"儥"、"鬻"二字。"牘"、"读"、"儥"、"黩"等字右边都是"🙾"而不是"卖"，有的人把"读"字的右边写成了"买卖"的"卖"，显然是张冠李戴了。"陕"字，右边是"夹"旁，但这个"夹"和"夹层"的"夹"在古文字中也是不同的字。"陕"字右旁写作"夾"，表示人的腋下有所藏，读若"闪"，而"夹层"的"夹"写作"夾"，表示旁边两人夹着中间一人，有的人把"陕"字写成了 䧟，当然是错的。楷书中有"舌"旁的字实际上也有两个来源：一是"舌"，如"甜"、"舐"等字即从舌；二是"昏"，读 guā，段玉裁说"凡昏声字，隶变皆为舌，如括、刮之类"。有的人把《括地志》的"括"写成了"𦮾"，也是不对的。

不了解楷书和篆书的差异，反映的实际上是文字学知识的缺乏。如果我们懂得"读"是一个形声字，就会懂得右边的声旁不可能是"买卖"的"卖"。试问把"括"字写成"𦮾"，用"六书"怎么解释得了呢？

四、不明繁简字关系致误

合并同音字是汉字简化的一个主要方法。原来由若干同音字承担的功能，简化以后统一由一个字承担。比如"剩余"的"餘"和用为第一人称的"余"简化以后就都用"余"字表示了。如果不清楚这种关系，就很容易把字用乱。

例如，与"征"字对应的繁体字有两个：一个是"征"，有"征伐"、"远行"等意义；一个是"徵"，有"征兆"、"迹象"等意义。在古书中，这两个字一般是分工明确的。但出于简化的需要，古书有时候也用"征"字表示"徵"，但"征伐"、"长

"征"的"征"是不能用"徵"字表示的。有的人把"征伐"的"征"写成了"𢾾",显然是不妥当的。

又如,与"须"字对应的繁体字也有两个:一个是"須",可以表"胡须"或"必须"等意义;一个是"頦",表"等待"之义。有的人将表"必须"的"须"字写作"頦"也是不妥当的。

类似的还有"升斗"的"斗"与"鬥爭"的"鬥","山谷"的"谷"与"穀粱"的"穀","丁丑"的"丑"与"醜陋"的"醜","出入"的"出"与"一齣戲"的"齣",姓氏"范"与"規範"的"範";"往復"的"復"与"複雜"的"複","系列"的"系"与"關係"的"係"、"聯繫"的"繫","古人云"的"云"与"雲彩"的"雲"(篆书"雲彩"也可以写作"云彩",但"古人云"则不可以写作"古人雲"),等等,在篆书创作中也是要注意区分的。

有些繁体字简化之后与历史上的某个汉字恰好同形,即两个字在外形上完全相同但音义不同,它们不是同一个字。如"勝"字小篆作"朕",从力朕声,简化字作"胜"。而"胜"字也见于《说文》,是"腥臭"、"荤腥"之"腥"的异体字。要写"胜利"的"胜",我们只能查繁体的"勝"字,而不能查简体的"胜"字。

只要我们勤翻《新华字典》《现代汉语词典》等常用的权威工具书,这些问题是完全可以避免的。

篆书创作的用字问题很复杂,是篆书创作的一个难点,希望更多的书法家重视学习古文字和文字学。古文字学和文字学都是专门的学问,不是一朝一夕就能学会的,但只要持之以恒,就一定能积累到一些相关的知识,也必将会对书法的审美和创作有所裨益。

参 考 文 献

[1] 容庚. 中国文字学 [M]. 容庚学术著作全集（第 10 册）. 北京：中华书局，2011.

[2] 唐兰. 中国文字学 [M]. 上海：开明书店，1949.

[3] 梁东汉. 汉字的结构及其流变 [M]. 上海：上海教育出版社，1959.

[4] 蒋善国. 汉字形体学 [M]. 北京：文字改革出版社，1959.

[5] 经本植. 古汉语文字学知识 [M]. 成都：四川教育出版社，1984.

[6] 杨五铭. 文字学 [M]. 长沙：湖南人民出版社，1986.

[7] 林沄. 古文字研究简论 [M]. 长春：吉林大学出版社，1986.

[8] 高明. 中国古文字学通论 [M]. 北京：文物出版社，1987.

[9] 陈炜湛，唐钰明. 古文字学纲要 [M]. 广州：中山大学出版社，1988.

[10] 裘锡圭. 文字学概要 [M]. 北京：商务印书馆，1988.

[11] 曾宪通，张桂光. 香港人学汉字 [M]. 香港：中华书局（香港）有限公司，1988.

[12] 姚孝遂. 中国文字学史 [M]. 长春：吉林教育出版社，1990.

[13] 黄德宽，陈秉新. 汉语文字学史 [M]. 合肥：安徽教育出版社，1990.

[14] 曹锦炎. 古玺通论 [M]. 上海：上海古籍出版社，1992.

[15] 赵诚. 甲骨文字学纲要 [M]. 北京：商务印书馆，1993.

[16] 陈伟武. 同符合体字探微 [J]. 中山大学学报（社会科学版），1997（4）.

后　记

我在华南师范大学讲授"汉字学"课程，一直都是以杨五铭先生的《文字学》为基本教材，而以裘锡圭先生的《文字学概要》为必须精读的参考书。杨书偏浅，裘书过深，两者结合，可谓"恰到好处"。所以，十多年来，这种格局一直没有改变。

2002年，华南师范大学网络教育学院开设"汉字学"课程，因为教材用量较大，两书齐备多有不便，院方希望我能自编讲义印发给学生，于是在讲课稿的基础上，写成了这本书的初稿《汉字学》。在一年多的教学中，该讲义还有些个人的心得与特色，于是便产生了现在这本《汉字学简论》。因为修改未能尽善，难免存在疏漏，希望专家与读者提出批评意见，以便日后修订。

我不懂电脑。讲义形成过程中，张青松同学除协助我整理初稿并录入电脑外，还撰写了有关现代汉字研究的内容（在本书中以附录的形式收入）。而在由讲义到出版定稿的修改过程中，秦晓华同学不但为我搜集讲义使用过程中的各种意见和提出了一些很好的修改建议，还帮助我完成了修改稿的电脑操作，所以，本书得以付梓，我要感谢张青松同学和秦晓华同学的帮助。

最后，还要感谢华南师范大学人文学院的支持和广东高等教育出版社的帮助，使本书能够顺利出版。

张桂光
2004年8月8日